JILPT 資料シリーズ No.219
2019年10月

諸外国における家内労働制度
―ドイツ、フランス、イギリス、アメリカ―

独立行政法人 **労働政策研究・研修機構**
The Japan Institute for Labour Policy and Training

ま え が き

　本報告書は、厚生労働省の要請を受けて当機構が実施した「諸外国における家内労働制度の運用と実態」調査の結果を取りまとめたものである。ドイツ、フランス、イギリス、アメリカの4カ国を対象に、家内労働をめぐる制度の概要やその現状、また関連して雇用類似の就労者について調査を行った。

　本報告書が、諸外国における家内労働の状況について理解を深める一助となれば幸いである。

2019 年 10 月

独立行政法人 労働政策研究・研修機構

理事長　樋　口　美　雄

執 筆 担 当 者 （執筆順）

氏　名	所　属	担　当
樋口　英夫 （ひぐち　ひでお）	労働政策研究・研修機構　調査部　主任調査員補佐	序章 第3章
飯田　恵子 （いいだ　けいこ）	労働政策研究・研修機構　調査部　主任調査員補佐	第1章
北澤　謙 （きたざわ　けん）	労働政策研究・研修機構　調査部　主任調査員補佐	第2章
山崎　憲 （やまざき　けん）	労働政策研究・研修機構　調査部　主任調査員	第4章

※肩書きは 2019 年 10 月時点

諸外国における家内労働制度
― ドイツ、フランス、イギリス、アメリカ ―
目　次

まえがき

序章 ……………………………………………………………………………………… 1

第1章　ドイツ …………………………………………………………………………… 7

はじめに ………………………………………………………………………………… 7

第1節　制度概要 ……………………………………………………………………… 8

　1．根拠法 …………………………………………………………………………… 8

　2．適用対象者（委託者、家内労働者等） ……………………………………… 10

　3．委託契約の明確方法 …………………………………………………………… 11

　4．最低工賃制度の有無、最低工賃の決定方式 ………………………………… 12

　5．安全衛生対策 …………………………………………………………………… 18

　6．家内労働行政機構（所管省庁、監督機関と監督手法、紛争の際の解決手段）…… 19

　7．労災保険制度の有無 …………………………………………………………… 20

　8．その他委託者及び家内労働者に対する規制と保護 ………………………… 20

第2節　家内労働の状況 ……………………………………………………………… 22

　1．家内労働者数、委託者数 ……………………………………………………… 22

　2．家内労働に関する議論、動向 ………………………………………………… 23

おわりに ………………………………………………………………………………… 28

第2章　フランス ………………………………………………………………………… 31

はじめに ………………………………………………………………………………… 31

第1節　家内労働者（在宅就労者）の概要 ………………………………………… 31

　1．在宅就労者の就労条件決定の特徴 …………………………………………… 31

　2．家内労働法制の歴史的経緯 …………………………………………………… 33

　3．知的在宅就労として想定されている職種 …………………………………… 35

第2節　労働法典で例外的に適用対象となっている雇用類似の職種 …………… 36

　1．ジャーナリスト ………………………………………………………………… 37

　2．アーティスト・ファッションモデル ………………………………………… 37

　3．不動産管理人、家事労働者、対人サービス関連就労者 …………………… 38

　4．外交商業代理人、零細事業主等 ……………………………………………… 38

　5．在宅就労者 ……………………………………………………………………… 39

- i -

第3節　デジタル・プラットフォーム関連の法改正の動き ………………………………… 39

　　1．2016年労働法典改革（エル・コムリ法） ……………………………………………… 39

　　2．2018年労働法典改革 ……………………………………………………………………… 40

　　3．モビリティ法案 …………………………………………………………………………… 41

第3章　イギリス …………………………………………………………………………………… 43

はじめに ……………………………………………………………………………………………… 43

第1節　制度概要 …………………………………………………………………………………… 44

　　1．法制度の状況 ……………………………………………………………………………… 44

　　2．最低賃金制度の適用 ……………………………………………………………………… 47

　　3．安全衛生対策 ……………………………………………………………………………… 48

　　4．行政機構（所管省庁、監督機関と監督手法、紛争の際の解決手段） ……………… 49

　　5．労災保険制度 ……………………………………………………………………………… 50

　　6．その他委託者及び家内労働者に対する規制（税、社会保障の適用） ……………… 51

第2節　家内労働の状況 …………………………………………………………………………… 52

　　1．在宅労働者数 ……………………………………………………………………………… 52

　　2．家内労働に関する議論、動向 …………………………………………………………… 54

おわりに ……………………………………………………………………………………………… 59

第4章　アメリカ …………………………………………………………………………………… 61

はじめに ……………………………………………………………………………………………… 61

第1節　制度概要 …………………………………………………………………………………… 64

　　1．根拠法等 …………………………………………………………………………………… 64

　　2．全国労働関係法（NLRA）の適用 …………………………………………………………… 66

　　3．労災補償、家族介護休暇法、労働者調整・再訓練予告法、公正労働基準法の適用

　　　　 …………………………………………………………………………………………………… 67

　　4．在宅就労とICT …………………………………………………………………………… 68

第2節　家内労働の状況 …………………………………………………………………………… 69

　　1．政府統計による在宅労働者の状況 ……………………………………………………… 69

　　2．在宅労働および雇用類似をめぐる現状 ………………………………………………… 70

　　3．行政機関ほかへのインタビュー ………………………………………………………… 72

まとめ ………………………………………………………………………………………………… 75

序章

序章

　本調査は、家内労働制度または家内労働従事者に適用される雇用関連の法制度について、諸外国の状況をまとめることを目的としている。

　わが国における家内労働者は、厚生労働省によると、「家内労働者とは、通常、自宅を作業場として、メーカーや問屋などの委託者から、部品や原材料の提供を受けて、一人または同居の親族とともに、物品の製造や加工などを行い、その労働に対して工賃を受け取る人」[1]とされている。家内労働者の労働条件の向上や生活の安定を図ることを目的として、家内労働法により、最低工賃額以上の工賃の支払いや工賃支払いの確保、安全衛生の確保などが、委託者や家内労働者の義務として定められている。

　今回対象国としたアメリカ、イギリス、ドイツ、フランスでも、物品の製造・加工の個人への委託が伝統的に行われてきたとみられるが、現在、わが国の家内労働制度に近い制度を実施している国はドイツのみである。他の3カ国のうち、フランスでは、労働法典の例外的な適用（特別規定）という位置づけで、家内労働を含む在宅就労に対する保護を規定している。一方、アメリカでは従来、家内労働は特定業種でのみ認められていたが、現在は原則として自由化されている。イギリスにも、家内労働者の保護に関する固有の法律や制度は存在しない。

　このため、本報告書では、ドイツについては主に家内労働制度の概要を、またそれ以外の3カ国については、家内労働者を含む就労者のカテゴリとして、自営業者や在宅労働者等に適用される保護制度等の概略を、それぞれ紹介することとする。

　また併せて、いわゆる雇用類似の働き方に相当する就労者に対して、各国でどのような法的保護が設けられているか、あるいはその必要性等が議論されているかについても、紹介することを試みる。

　報告書の概略は、以下の通りである。

（1）法制度の状況

　上述の通り、ドイツでは、家内労働法に基づいて、わが国の家内労働制度に近い制度が実施されている。委託者と家内労働従事者（家内労働者、家内事業者、同等の者）の双方が規制対象となり、個別契約等による適用除外や、法的保護の放棄は認められない。また家内労働者が原料および補助材料を自ら調達する場合も、家内労働者としての資格には影響しない。委託者には、初回委託時の行政管区庁への届け出のほか、家内労働従事者や仲介人のリストの作成と委託場所での掲示、半年ごとの更新などが義務付けられている。なお、対象業務は従来、物品の製造加工とされていたが、情報・サービス業の発達に対応した1970年代の制

---

[1]　厚生労働省ウェブサイト（https://www.mhlw.go.jp/stf/seisakunitsuite/bunya/koyou_roudou/koyoukintou/hourei/index.html）

- 1 -

度改正により、事務労働（データ入力等）に拡大されている。

　一方、フランスでは、労働法典の立法趣旨が雇用契約を締結する被用者の保護を目的とするものであることを前提として、特別規定により「被用者と同等扱い」とする形で、在宅就労者の保護がはかられている。労働監督局への届け出のほか、業務委託に際して書面による委託内容（仕事内容や量、作業時間、報酬額等）の提示などが義務づけられている。ドイツと同様、かつては衣服製造や皮革製造などの家内労働が対象とされていたが、累次の裁判例などを受けて、非工業分野の知的労働への適用拡大が進んだ。

　イギリスでは、家内労働者の法的区分が曖昧で、委託者によって自営業者として扱われることも多いとされ、このため法的な権利が必ずしも保障されない傾向にある。例外的に、最低賃金制度においては出来高払いの労働者に対する公正な報酬支払が規定されている。このほか、裁判等で就労実態が自営業者に該当しないと判断される場合、被用者または労働者（雇用契約はないが、従属的な就労者）としての権利が認められる。

　アメリカでは従来、家内労働は婦人アパレル産業や織物外衣産業などの繊維加工、宝飾品製造など7業種に限り、かつ従事者に特別な事情（障害等）がある場合のみこれを認める許可制が設けられていたが、1980年代の規制緩和により、委託者の届け出に基づく認証制に移行、従事者に関する規制は廃止された。家内労働は法律上、雇用労働として扱われる。契約上は業務請負の形をとる場合であっても、経済的実態からみて請負先と従属的な関係があるとみなされれば、雇用労働として公正労働基準法及び安全衛生法が適用され得る。

（2）最低工賃制度（最低賃金制度）

　ドイツでは、基準となる労働報酬は、家内労働委員会[2]による拘束力のある決定か、拘束力のある労働協約、または個別契約により決定される。拘束力のある報酬規定に時間払いの報酬だけが決定されており、労働時間の規定がない場合には、委託者は一定の基準に基づいて製造時間を算定し、家内労働従事者が通常の業務量で少なくとも決定された時間払い報酬が得られるよう、出来高払い報酬額を決定しなければならない。また拘束力のある報酬規定がなく、個別契約による場合は、同一または同様の労働に対する通例の賃金率が判断基準として使用される。報酬単価や算定された労働時間等は、報酬一覧表として家内労働の受け渡し場所に掲示しなければならない。

　フランスでは、委託者と在宅就労者の契約に基づき、委託元企業における労働協約や労使協定などが適用される。報酬は、時間当たり賃金と就労時間をもとに決定されるが、基準となる最低報酬や作業にかかる時間は、労働協約、省令、県知事令などで定められている。時間当たり報酬は法定最低賃金額を下回ってはならない。1日8時間以上の就労や日曜日・祝祭日の就労を余儀なくされた場合等は、割増報酬の支払いが必要となるほか、作業場にかか

2　法律に基づいて設置される機関で、家内労働者の労働条件、最低時給、家内労働割増賃金などを決定する。労働官庁が指名する委員長のほか、委託者・受託者の代表各3名で構成される。

る費用（家賃、暖房費、照明代など）が加算される。

　イギリスでは、最低賃金制度において出来高払いの報酬に関する規定を設けている。委託者には、「公正な賃率」として、時間当たりに遂行可能な業務量を計測の上、業務一単位当たりの報酬が最低賃金の 1.2 倍を下回らない額を設定することが義務付けられている。

　アメリカでは、家内労働は雇用労働として最低賃金制度の適用対象となる。一方、契約上は業務請負であっても、経済的実態からみて請負先と従属的な関係があるとみなされる場合、公正労働基準法における最低賃金が適用される。

（3）安全衛生

　ドイツにおける家内労働制度は、家内労働における安全衛生について詳細に規定している。委託者または仲介人は就業を開始させる前に、家内労働を受託する者に対し、行うべき業務の方法、事故の危険および健康リスク、ならびにそれらを防止するための対策および装置について情報を提供しなければならず、この情報の提供を受けた旨を書面により確認しなければならない。

　またフランスでは、在宅就労者に業務を委託する者は、行政当局が定める労働者の健康と安全に危険をもたらす可能性のある作業を発注する場合、その労働者および補助作業者の安全と健康を確保する措置を講ずる義務があるとされる。

　イギリスでも、委託者は家内労働者の安全衛生について一定の責任があると解されているとはされるものの、適用の可否に関する条件は曖昧である。

　アメリカでは、家内労働は雇用労働として安全衛生法の適用対象となる。また、請負労働者についても、経済的実態からみて請負先と従属的な関係があるとみなされる場合には、安全衛生法の対象となり得る。

（4）行政機構（所管省庁、監督機関と監督手法、紛争の際の解決手段）

　ドイツでは、自治体の家内労働保護担当官が家内労働者からの苦情等に応じ、委託者との話し合いなどを通じて解決をはかる。必要に応じて、労働基準監督機関が関与しうるほか、解決が難しい場合、裁判所に申し立てを行うことも可能である。このほかの家内労働者に対する支援としては、州の最高労働官庁による監督、家内労働委員会がある。賃金不払いなどのトラブルの際には、労働裁判所が紛争処理機関となる。

　フランスでも、地方にある国の出先機関である基準監督部局が家内労働者の保護を担う。発注者と就労者の間で紛争がおきた場合には、労働裁判所に提訴できる。

　イギリスでは、家内労働を所管する公的組織や、単一の労働基準監督機関等は存在せず、最低賃金制度の適用をめぐっては歳入関税庁が、また安全衛生については安全衛生庁が、それぞれ監督業務を担う。また雇用法上の権利に関する紛争に際しては、雇用審判所への申し立てが可能である。

アメリカでは、労働省労働時間課が在宅就業に関する事業主の申請を受け付けて可否を判断し、許可証を発行する。個人請負労働としての誤分類という観点から、連邦、州、市それぞれの行政が監督業務を行っている。紛争については、裁判所への提訴による法的救済が可能。

（5）労災保険制度

ドイツでは、家内労働者は就業者として、災害保険によって保護されている。

フランスでも、家内労働者には制度上、労災保険が適用されるとみられる。また、自営業者の場合には、民間の労災保険制度への任意の加入が可能である。

イギリスでは、職場における疾病等が理由で休業する場合に適用される所得保障制度は、対象を被用者に限定している（ただし、国民保険制度への拠出は要件とされていない）。このため、家内労働者への適用の可否は、法的区分に関する判断による。

またアメリカでも同様に、労災補償の適用の可否は雇用労働とみなされるか否かによる。雇用契約がない請負事業者であっても、実質的には委託者の指揮命令等の下にあると判断される場合には、雇用労働者として労災補償が適用され得る。

（6）その他（社会保障制度の適用等）

ドイツでは、家内労働者には、法定の疾病保険、介護保険、年金保険、災害保険、失業保険への加入義務がある。このうち年金保険については、家内事業者や仲介者にも加入（拠出）の義務がある。

フランスでは、在宅就労者は社会保障への加入が法律により規定されている。

イギリスでは、税制において自営業者とみなされる場合、国民保険への拠出は従事者のみが行う（被用者・労働者の場合は労使）。一部の拠出制給付など（求職者手当、雇用・生活補助手当等）については、受給資格が得られないが、公的年金は適用される。

アメリカでは、家内労働は雇用労働として、社会保険制度の適用対象と考えられる。一方、請負労働者に対する社会保険制度の適用は限定的とみられる。健康保険については、2010年の制度改革以降、請負労働者も適用対象となっている。一方で、失業保険は雇用労働者のみが対象となり、請負労働者は除外されている。公的年金については、請負事業者は雇用主分と労働者分の双方を拠出することで適用を受けることが可能である。

（7）家内労働の状況、雇用類似の働き方に関する議論

各国における家内労働の現状については、各章をご参照いただきたいが、統計等による把握は難しいものの、従来型の物品の製造・加工の委託については減少傾向にあることが推測される。これには、情報技術の普及などによる在宅就労の内容の変化や、また女性の労働市場への参加拡大などの影響が指摘されている。従来型の在宅労働の担い手の減少と並行して、

序章

業務量の縮小や工場労働への移行、あるいは海外の生産者への委託による代替が進んだと考えられる。

　情報技術の進展は、ネットワークを介した新たな働き方を生み出しており、これに関連して、仕事としての不安定さや、報酬の低さなどが指摘され、就労者の権利保護の問題が各国で議論されている。提供されるサービスの内容自体は、必ずしも新しくはないものの、プラットフォーム等を介してサービス等の提供者と受容者の柔軟で効率的なマッチングが容易になったことにより、サービス提供者とその受容者、これを仲介する中間事業者の間の関係や、各主体の責任の所在が曖昧かつ複雑化していることが問題の背景となっているとみられる。形式上はサービス提供者と受容者の間での契約関係に基づく取引として扱いつつ、実質的には中間事業者がサービス提供者を使用しているとして、サービス提供者に労働者として一定の権利を認めるとする判断が、複数の裁判において示されている。

　このように、雇用労働者に近いいわゆる雇用類似の就労者の法的区分は、各国の労働法の枠組みによっても異なるものの、雇用契約に基づく労働と、自らの事業として行う労働の中間として位置付けて、一定の保護の対象とするという考え方が複数の国で実施あるいは検討されている。こうした働き方は、従事する業務などによっても多様であり、このため実態に即した保護の適用を可能とする柔軟さが必要と考えられる[3]。ただし同時に、法的保護の適用に関する柔軟性から、適用の可否自体が曖昧になる場合、制度の実効性が担保されない可能性がある。

---

[3] これには、法的保護の適用の可否に関する判断基準のほか、例えば何を労働時間とみなし、報酬対象とするか、あるいは適正な報酬水準の基準など、適用の方法を含む。

第1章　ドイツ

はじめに[1]

　ドイツにおける「家内労働」とは、家内労働法（Heimarbeitsgesetz, HAG）に基づき、自由な時間配分で、自らの選択した労働場所（自宅または作業場）で、委託者（事業者または仲介人）のために行われ、労働成果の利用がそれらの委託者に委ねられている、あらゆる生業としての労働をいう[2]。ドイツで初めて家内労働法が成立したのは、1911年である[3]。同法は、長らく製造加工を行う家内労働者を対象にしてきたが、情報・サービス業の発達に伴う時代の要請に応じて、1974年（1975年施行）に改正が行われ、事務労働（Büroarbeit）も保護対象として含めるようになった[4]。

　具体的な「事務系の労働」には、以下のデータ入力のような比較的作業内容が「中／低」度の事務作業が想定されている[5]。

> ・カセットテープ又はレコードから文章を起こす業務。
> ・原本に基づき書類を作成する業務。
> ・住所、送付状、請求書等の作成、原価計算、振込証明、督促書の作成。
> ・ドイツ語又は外国語のテキストの作成。
> ・官公庁向けの定型書類の作成。
> ・データ入力。
> ・調査アンケートのための質問項目のコード化。
> ・給与支払簿の作成。

---

[1] 本稿における知見の一部は、筆者が2018年12月にドイツで実施した現地調査の結果に基づいている。ご多忙の中、協力頂いた 連邦労働社会省（BMAS）、ハンスベックラー財団経済社会研究所（WSI）、統一サービス産業労働組合（ver.di）、年金保険機構（Deutche Rentenversicherung Bund）、JETROベルリン事務所、連邦外務省（AA）の Ms.Monika Sommer、VBG（事務管理職業組合）、FPS弁護士事務所等のご対応者の皆様、佐藤ゆきさんならびに鎌田耕一東洋大学名誉教授、芦野訓和東洋大学教授、在日ドイツ大使館松本直樹一等書記官、日独通訳者のティーテン礼子さん、内藤忍JILPT副主任研究員に、この場を借りて心より御礼申し上げる。

[2] ザクセン州サイト（http://www.arbeitsschutz.sachsen.de/226.htm）。

[3] 一條和生（1990）『ドイツ社会政策思想と家内労働問題』によると、ドイツ帝国時代の1911年に、家内労働法（Hausarbeitsgesetz）と帝国保険条例（Reichsversicherungsordnung）が成立し、初めて本格的に家内工業に労働者保護、社会保険が適用された。また、寺園成章（1981）『家内労働法の解説』（労務行政研究所）によると、この法令は、その後1951年に西ドイツにて家内労働法（Heimarbeitsgesetz）として引き継がれた。

[4] なお、デジタルプラットフォームを活用して働く事務作業の受注者（crowd worker）の多くは、ドイツでは現在、家内労働法の適用対象とされていない。しかし、裁判等によって、個々の状況を総合的に判断して家内労働者とされる可能性はあり得る。そのため、ドイツ労働総同盟（DGB）は、このような受注者に対する同法の適用を「検討しうる」と評価しており、金属産業労働組合（IG Metall）も同法の準用を提案している。他方、3万人の自営業者を組織化している統一サービス労組（ver.di）は、「"家内"でなく"外"で働く自営のギグワーカーの保護も考慮に入れて、既存の古い法律（家内労働法）を無理に準用させるのではなく、新たな法律を作るべきだ」という、異なる主張を展開している。詳細は、第2節2（2）③で後述する。なお、一部の著名な法学者（Waas et al., 2017）は、家内労働法が規定する「仲介者（＝業務委託者によって発注される仕事を"移転させる"存在）」に、デジタルプラットフォーム事業者は該当しないとする立場を採る。デジタルプラットフォーム事業者は、家内労働法が規定する仲介者のように、仕事を"移転させている"わけでなく、第三者によって仕事を斡旋するよう"約束させられている"とも言えないためである。法学者らはその上で、「企業がプラットフォームの介入を"利用する"ことによって労働法等の適用を回避する場合は、当該企業が一定の（副次的な）責任を負うべきだ」と結論付けている。

[5] JILPT資料シリーズNo.117（2013）「諸外国における在宅形態の就業に関する調査（飯田恵子・ドイツ執筆部分）」労働政策研究・研修機構。

学術情報機関のための自宅における学術文献の分析といった「専門的」事務作業が家内労働法の適用対象となり得るか、という問いについては、その作業自体が、単価規定に馴染む「規則的に反復される作業工程」に区分できるという条件を満たせば、同法の適用対象になる可能性を連邦労働裁判所は示している[6]。従って「反復する作業手順で行われる仕事」である限り、以下の枠内の業務も、家内労働法の適用対象となり得る可能性がある。

- データ収集及びデータ解析。
- 設備の遠隔操作及び遠隔保守。
- プログラミングならびにプログラム及び計算機向けアップデートサービス。
- 委託者（発注者／仲介者）の顧客に対するハードウエア及び処理プログラムの使用法に関する、内容が反復する概説及び研修。
- （大雑把な）報告書の作成。
- 使用説明書などの翻訳。
- 世論調査／種々の調査の実施及び分析。
- 決算書作成及び貸借対照表作成、予備配賦勘定。
- 製品のデザイン、建築及び開発（単一作品は除く）。
- 委託調査・回答。
- 輸出書類の作成。
- 販売及びマーケティング。

なお、上記に列挙した業務は、いずれも「委託者からの発注」が存在しなければならず、個別の契約関係の実態に基づいて判断されるが、もし作業者が商業的なリスクを自ら負う場合は、要保護者であるとは見なされず、家内労働法の適用外となる[7]。

さらに、現在はデジタル化の進展により、モバイルアプリ（プラットフォーム）を介した「ギグワーカー」や「クラウドワーカー」の労働者性とその保護の在り方が国内で盛んに議論されている。しかし、現時点では、こうした新しい働き方をしている者に対して家内労働法は原則として適用されていない。ただし、議論の中では家内労働法の適用や準用の可能性などは話し合われており、具体的な内容については、本稿第2節2で詳述する。

本稿では、第1節で、主に家内労働法に基づく家内労働者の法的立場を明らかにし、つづく第2節において、家内労働者数や業種・職種の統計的な実態を紹介し、併せて、デジタル化に伴う新しい働き方に関する最新の議論動向を紹介する。最後に簡単なまとめを述べる。

第1節　制度概要[8]

1．根拠法

家内労働従事者は、家内労働法（HAG）によって保護されている。同法の目的は、適用対象者の適切な報酬条件と労働条件を確保することである。

---

[6] August Wilhelm Otten（2012）*Heimarbeitsrecht—Kommentar zum HAG, zu heimarbeitsrelevanten Normen und Erläuterungen zur Teleheimarbeit*, p.39.

[7] August Wilhelm Otten（2012）, pp.49-50.

[8] 第1節では、特に注釈や断りがない限り、家内労働法（HAG）および、バーデン＝ヴュルテンベルク州が2018年5月に発行した最新の家内労働法解説書（*Heimarbeit- eine Information über die Vergabe von Heimarbeit in Baden-Württemberg*）を主な参考とした。

第1章　ドイツ

　家内労働法が定める報酬やその他の契約条件の履行を確保するため、州による監督が行われている。例えばザクセン州では、ザクセン州総局第5部（労働保護）の報酬監督課が行っている[9]。そのほかの家内労働分野における主な法律・命令は、以下の一覧の通りである。

家内労働分野の主要な法律・命令の一覧（2018年5月現在）

2015年11月20日の法律（連邦法律公報（以下、BGBl. I S.）第 I 部 2010 頁）第 26 条によって最終改正された、1951年3月14日の**家内労働法**（BGBl. I S. 191）

2006年10月31日の命令（BGBl. I S. 2407）第 435 条によって最終改正された、1976年1月27日の文言における**家内労働法施行のための第一法規命令**（BGBl. I S. 221）

2016年3月10日の、**家内労働の初回委託時の届出ならびに家内労働リストの作成および送付に関する連邦労働社会省の行政規則**（省庁共通公報 GABl）（Gemeinsame Amtsblatt）. 2016, 246 頁）

2017年5月23日の文言における、**労働者、職業訓練生および学生の母親を保護するための法律（母性保護法）**（BGBl. I S. 1228）

2017年5月23日の法律（BGBl. I S. 1228）第 6 条第 9 項によって最終改正された、2006年12月5日の**連邦両親手当・両親時間法**（BGBl. I S. 2748）

2017年7月17日の法律（BGBl. I S. 2541）第 23 条によって最終改正された、2016年12月23日の**社会法典第9編（障害者のリハビリテーションおよび参画）**（BGBl. I S. 3234）

2017年3月10日の法律（BGBl. I S. 420）第 13 条によって最終改正された、1976年4月12日の**年少労働者保護法**（BGBl. I S. 965）

2013年4月20日の法律（BGBl. I S. 868）第 3 条第 3 項によって最終改正された、連邦法律公報第 III 部 800-4 号で公開された改正文言における**連邦休暇法**

2015年7月16日の法律（BGBl. I S. 1211）第 7 条によって最終改正された、1994年5月26日の**賃金継続支払法**（BGBl. I S. 1014, 1065）

2017年7月17日の法律（BGBl. I S. 2581）第 2 条によって最終改正された、1997年3月24日の**社会法典第3編（雇用促進）**（BGBl. I S. 594）

2016年7月18日の法律（BGBl. I S. 1679）第 8 条によって最終改正された、1998年9月7日の文言における**第5次財産形成法**（BGBl. I S. 2647）

2015年6月29日の法律（BGBl. I S. 1061）第 3 条第 1 項によって最終改正された、2009年7月16日の公布文言における**職場保護法**（BGBl. I S. 2055）

2017年7月17日の法律（BGBl. I S. 2509）第 6 条によって最終改正された、2001年9月25日の文言における**事業所組織法**（BGBl. I S. 2518）

2017年3月29日の法律（BGBl. I S. 626）第 148 条によって最終改正された、2010年11月26日の**危険物質令**（BGBl. I S. 1643, 1644）

2017年10月17日の法律（BGBl. I S. 3562）第 1 条によって最終改正された、1999年2月22日の文言における**営業法**（BGBl. I S. 202）

2017年6月23日の法律（BGBl. I S. 1693）第 24 条第 3 項によって最終改正された、1994年10月5日の**破産法**（BGBl. I S. 2866）

---

[9] ザクセン州サイト（http://www.arbeitsschutz.sachsen.de/226.htm）。

諸外国における家内労働制度—ドイツ、フランス、イギリス、アメリカ—

２．適用対象者（委託者、家内労働者等）

（１）委託者（事業者または仲介人）[10]

委託者（事業者または仲介人）は、自らが家内労働を委託すること、及び委託する相手を、承知している必要がある。疑義が生じる場合には、委託者は自らが委託（請負）契約によって就業させる者が、家内労働法の適用範囲に含まれているかどうかを、可能な方法で確認する義務を負う。

（２）家内労働者、家内事業者、同等の者

家内労働法に基づき、家内労働従事者（家内労働者、家内事業者、同等の者）は、特別に保護されている。家内労働従事者に対する法的保護は、個別契約によって適用を除外することはできず、家内労働従事者が事後的に法的保護を放棄することもできない。家内労働従事者としての法的地位は、客観的な法的状況によって判断されるものであり、例えば就業関係の名称等によって決定されるものではない。

「家内労働者」とは、自ら選択した労働場所（自宅または自ら選択した作業場）で、単独、または家族とともに、委託者（事業者または仲介人）の委託を受けて、生業として労働を行うが、労働成果の利用は、直接的または間接的な委託者に委ねる者をいう。家内労働者が原料および補助材料を自ら調達する場合、これにより、その家内労働者としての適用に影響が及ぶことはない。

「家内事業者」とは、自らの選択した労働場所（自宅または作業場）で、２人以下の外部からの補助労働者または家内労働者とともに、委託者（事業者または仲介人）の委託を受けて物品を製造、加工、または包装し、その際に自らが主として受託業務に参加するが、労働成果の利用は、直接的または間接的な委託者に委ねる者をいう。家内事業者が原料および補助材料を自ら調達する場合、または一時的に直接、販売市場向けの業務を行う場合、これにより、その家内事業者としての適用に影響が及ぶことはない。家内事業者がその事業を自営業として営業局に届け出るとしても、その家内事業者としての適用を喪失することはない。同様に、家内事業者が仕事で利益を得、製品の対価を自ら計算し、所得税、売上税、および営業税を納めている場合でも、適用を喪失することはない。決定的な条件となるのは、家内事業者がその製造物の利用を委ねる委託者に、実際に、かつ経済的に従属している[11]ことである。

さらに保護の必要性が認められる場合には、例えば以下の者を、「家内労働従事者と同等

---

[10] JILPT 資料シリーズ No.117 (2013)。

[11] 「経済的に従属している」というのは、当該者の生活が、契約相手方のために提供するサービスから得られる収入に依存している状況を指す。詳細は、第２節２（２）②で後述する。

の者」とみなすことができる[12] ；

・単独または家族構成員とともに、自宅または自ら選んだ事業所において、規則的な作業
工程で反復される仕事を、他人の注文を受けて有償で行う者であり、かつ、その活動が
事業とは見なされない場合、あるいは発注者が事業者または仲介者でない場合
・2人を超える外部からの補助労働者または家内労働者とともに業務に従事する家内事業者
・その他の下請契約で業務に従事する事業者
・仲介人

3．委託契約の明確方法

委託契約を明確にする方法は、家内労働法第6条、7条に規定されている。委託者は委託
契約を明確にするため、以下の通りのことが定められている。

（1）家内労働の初回委託時の届出

初めて人を家内労働に従事させようとする者は、これを自己の事業所を管轄する行政管区
庁に届け出なければならない（家内労働法7条）。従事者の氏名および生年月日、ならびに
その労働場所の正確な住所および業務の種類を届け出なければならない。この届出は、家内
労働を不定期に委託する、またはわずかな量しか委託しない予定である場合にも必要となる。

（2）家内労働リスト

①すべての委託者または仲介人は、自らが就業させる家内労働者、家内事業者、仲介人およ
びその他の同等の者を、家内労働リストで証明しなければならず、このリストは家内労働
の委託場所のよく見える位置に掲示しなければならない。このリストに記載しなければな
らない情報は、氏名、生年月日、住所（郵便番号、必要に応じて地区、通り、番地を含む）、
労働場所（自宅とは別の場合）、業務の種類、初回の就業日、最終的な関係終了日である。
このリストは暦年の半年ごとに、新たに作成しなければならず、リストにはその半年間に
就業させたすべての者を、たとえ一時的な労働や僅少労働（ミニジョブ）の場合であって
も、記載しなければならない。

②毎年1月31日と7月31日に、直前の半年に作成したリストの写し1通を、委託者また
は仲介人が管轄の行政管区庁に提出しなければならない。

③家内労働リストは原則として電子式で、行政管区庁が提供する家内労働専用モジュールを
使用して作成しなければならない。管轄の行政管区庁は、家内労働の委託場所に、家内労

---

[12] 同等の者と見なす（同格指定）の要保護性の確認には「経済的従属性」の程度が基準となる。同格指定は、権
限ある家内労働委員会（家内労働委員会が無い場合は所管労働官庁）が関係当事者の意見を聴取した後、決定
される。同格指定は、家内労働委員会の長による署名、権限ある労働官庁の同意を得て、同労働官庁の指定す
る場所での文言による公示を行い、その公示の翌日から発効する（以上、家内労働法1条から抜粋。さらなる
詳細は、JILPT 労働政策研究報告書 No.5 第2部第3章「ドイツにおける在宅テレワーカーの法的保護（小俣
勝治）pp.213-215、を参照頂きたい）。

働専用モジュールへのアクセス用データを送付する。バーデン・ヴュルテンベルク州の場合、モジュールへのアクセスは、サイト[13]から行う。例外的に、紙形式でリストを作成する可能性も残されている。そのためには、所定の書式用紙を使用しなければならない。過去期の家内労働リストは、そのリストを作成した年の翌暦年が終了するまで、保管しなければならない。

4．最低工賃制度の有無、最低工賃の決定方式
（1）労働報酬
家内労働における労働報酬は、次のものによって決定することができる。

①家内労働委員会の「拘束力ある決定[14]」は、常にすべての者に対して拘束力を持ち、連邦官報で公開される。

②労働協約。労働協約は、委託者と家内労働従事者が労働協約に拘束される場合、または一般的拘束力宣言[15]がなされた労働協約である場合に限り、拘束力を持つ。

③個別契約による取り決め。

原則として、拘束力のある報酬規定から生じる請求権は、放棄することができない。また、拘束力のある報酬規定から生じた請求権を喪失させることもできない。報酬規定で決定される出来高払いまたは時間払いの報酬は、最低報酬である。この額を下回ることは許されないが、上回ることは許される。このことは、決定される製造時間についても同様とする。報酬規定に時間払いの報酬だけが決定されており、労働時間の規定がない場合には、委託者は製造時間を、例えば、労働設計・企業組織・事業開発連盟（REFA）方式[16]などに基づいて算定し、家内労働従事者が通常の業務量[17]（bei normaler Leistung）で少なくとも決定された時間払い報酬が得られるように、出来高払い報酬を決定しなければならない。算定された労働時間は、報酬一覧表に記載するものとする。例外的に拘束力のある報酬規定が存在しない場合に限り、労働報酬を委託者と家内労働従事者またはそれと同等の者との間で取り決めなければならない。その際には同一または同様の労働に対する通例の報酬率を、判断基準として使用する。

---

[13] バーデン・ヴュルテンベルク州サイト https://heimarbeit.lubw.badenwuerttemberg.de/heimarbeit）。

[14] 家内労働委員会のメンバーは、委託者側及び受託者側の委員各3名、及び所管労働官庁が指名する委員長1名で構成される（その他に専門家を招聘することができるが、議決権はない）。事務業務を行う家内労働者のための家内労働委員会には、「住所記入、転記業務、及び類似の業務のための家内労働委員会」が存在する。同委員会が決定した「拘束力ある決定（Bindenden Festsetzungen）」は、当該労働者のための労働条件、最低時給、家内労働割増賃金を規定しており、すべての委託者（発注者・仲介者）はこれを遵守しなければならない。

[15] 労働協約を締結した当事者（労使）以外にも、労働条件やその他の待遇などの規定を拡張して適用することを指す。

[16] 労働設計・企業組織・事業開発連盟（REFA）方式は、1920年代に開発され、生産現場で利用されるようになった出来高給制度である。出来高給とは、労働時間に基づく時間給でなく、作業量に基づいて算定される賃金制度のことである。さらなる詳細は、藤内和公（2016）「ドイツ民間企業における人事評価」『岡山大学法学会雑誌第66巻第1号（2016年8月）』pp.99-100を参照されたい。

[17] 「通常」とは、「十分に熟練した家内労働従事者が健康を害することなく長期継続的に遂行可能」であること。

（2）報酬一覧表

　家内労働の受け渡しが行われる場所には、報酬一覧表およびその他の契約条件に関する証明書類を公開し、各家内労働従事者が容易に閲覧できるようにしなければならない。家内労働の受け渡しが家内労働従事者の自宅または作業場で行われる場合には、その場所でも報酬一覧表を閲覧する機会が得られなければならない。

　報酬一覧表には、報酬単価（Entgelte für jedes einzelne Arbeitsstück）を記載しなければならない。同時に納入される原材料および補助材料の価格は別途、証明しなければならない。報酬単価を記載できない場合には、信頼できる明確な算定基礎を示さなければならない。拘束力ある決定または労働協約が存在する場合には、そこに定められる報酬規定の家内労働で考慮の対象となる部分を公開しなければならない。

（3）報酬証明書類

　家内労働を委託する者は、家内労働従事者に対し、自己の費用で、所定の報酬手帳を交付しなければならない。所定の報酬手帳および報酬ファイルの購入に関する情報は、報酬監督課で入手することができる。

　計算書の手帳部分は連番でナンバリングする。各計算書には、ミシン目とパンチ穴がついた複写用の2枚目[18]が含まれる。記入済みの2枚目を、委託者または仲介人がそのつど、バインダーに保管しなければならない。原則として、家内労働従事者が報酬手帳を受け取る。特別な例外的事例において、報酬監督課は所定の報酬手帳に代替し、特別な報酬伝票の作成と、規定に則した保管に適した報酬ファイルの使用を許可することができる。明示的な許可がない限り、所定の報酬手帳の使用しか認められない。

　報酬手帳または報酬伝票の欄には、業務の委託または納入ごとに、その種類および分量、報酬、委託日および納入日を記入しなければならない。各種手当およびその他の報酬以外に支払われる法的請求権に基づく金銭給付（休暇中の報酬、祝日手当、疾病補償加算金、家内労働手当、財産形成給付金、年次特別手当）は、別個に証明しなければならない。休暇中の報酬および祝日手当は、報酬手帳の中で現行の報酬計算書にも、所定のページにも記帳しなければならない。

　家内労働従事者または同等の者は、報酬手帳を大切に保管し、家内労働の受託または納入時にその都度、記入するために持参しなければならない。報酬手帳は家内労働従事者が所有する。従って委託者または仲介人は、家内労働関係の終了後に報酬手帳の返還を要求したり、報酬手帳を返さずに所持したりすることは許されない。家内労働従事者または同等の者は記帳を終えた報酬手帳を、最後の記帳が行われた年から起算して3年目の暦年の終了まで保管しなければならない。このことは、報酬伝票を含む報酬ファイル、および報酬証明書類を所

---

[18]　報酬手帳（家内労働法の規定に適合）は、計算書の部分は2枚複写になっていて、1枚目が手帳に残り、2枚目を切り離す仕様になっている（http://www.officio.de/pdf/anr/48126E.pdf）。

有する委託者に対しても適用される。報酬証明書類は求めがあれば、報酬監督者に提示しなければならない。

（４）その他の報酬・手当
　以下、①〜⑦における具体的な手当額や日時は、2018年時点のバーデン・ヴュルテンベルク州における家内労働従事者（および同等の者）を対象としたものを参考として紹介する[19]；

①休暇中の報酬（Urlaubsentgelt）と追加休暇手当
　拘束力のある決定または労働協約に家内労働従事者の休暇に関する規定がない場合には、成人に対しては連邦休暇法の規定を適用する。
　18歳以上の家内労働者および家内労働法第1条第2項a号の規定による同等の者は、連邦休暇法に基づき、1暦年に24仕事日（Werktagen）の休暇請求権を有する。仕事日とみなされるのは、日曜日と法定の祝日を除くすべての暦日であり、従って休日の土曜日も含まれる。法定の休暇中の報酬は、前年の5月1日から当年の4月30日まで、または就業関係の終了までの期間に稼得した労働報酬（税金・社会保険料の控除前の額）から、必要経費手当[20]（Unkostenzuschlag）を除き、さらに祝日による報酬損失、疾病による労働損失および休暇に対して支払われる支給額を除いた額の9.1%とする。
　家内事業者（家内労働法第1条第1項b号）および同法第1条第2項b号およびc号の規定による同等の者は、その委託者から、本人の休暇中の報酬として、およびその就業させる労働者の休暇請求権を確保するために、支払いが行われた労働報酬（税金・社会保険料の控除前の額）から、必要経費手当を除き、さらに祝日による報酬損失、疾病による労働損失および休暇に対して支払われる支給額を除いた額の9.1%を受け取る[21]。
　未成年の家内労働者（すなわち、満18歳未満の家内労働者）に対する法定休暇は、年少労働者保護法の規定に準じる。日数と報酬額は次の通りとなる。

---

[19]　Baden-Württemberg（2018）
　　（http://gaa.baden-wuerttemberg.de/servlet/is/18659/Broschuere_Heimarbeit_-_Stand_05-2018.pdf）.
[20]　"Unkosten"は「間接費」「雑費」とも訳される。例えば作業場、光熱費、各種ツールや機器、その保守などにかかる費用が補填される。
[21]　「18歳以上の家内労働者および家内労働法第1条第2項a号の規定による同等の者」と「家内事業者（家内労働法第1条第1項b号）および同法第1条第2項b号およびc号の規定による同等の者」の違いは、以下の家内労働法　第1条（適用範囲）を参照のこと。
　（1）家内労働従事者とは、下記の者とする。
　　a）家内労働者（第2条第1項）
　　b）家内事業者（第2条第2項）
　（2）要保護（保護必要性）から正当と考えられる場合、下記の者を準家内労働従事者と認定することができる。
　　a）通例単独または家族構成員（第2条第5項）とともに、自宅または自ら選んだ事業所において、規則的な作業工程で反復される仕事を、他人の注文を受けて有償で行う者で、その活動が事業とは見なされない場合、あるいは発注者が事業者または仲介業者（第2条第3項）でない場合。
　　b）2名を超える外部補助員（第2条第6項）または家内労働者（第2条第1項）とともに作業する家内事業者。
　　c）経済的従属性ゆえに家内事業者と類似の立場に立ち、下請け契約で作業を行うその他の事業者。
　　d）仲介業者（第2条第3項）。
　要保護の判定は、経済的従属性の程度によって行う。その際には、特に外部補助員の人数、単一または複数の発注者への従属度、販売市場への直接参入の可能性、自己投資の金額および種類、ならびに売上額を考慮する。

・16 歳未満の場合：30 仕事日、休暇中の報酬 11.6%
・17 歳未満の場合：27 仕事日、休暇中の報酬 10.3%
・18 歳未満の場合：25 仕事日、休暇中の報酬 9.5%

複数の委託者を通じて家内労働に従事する場合には、各委託者が、各委託者において稼得した報酬から、休暇中の報酬および追加休暇手当を支払う義務を負う。

休暇中の報酬および手当は、納税および社会保険料支払いの義務が生じる。

家内事業者および同等の者の休暇中の報酬および追加休暇手当は、決定された百分率で、報酬の支払いごとに支払わなければならず、報酬手帳の現行の報酬明細書の欄に記入しなければならない。

家内労働者の休暇中の報酬および追加休暇手当は、休暇開始前の最後の報酬支払い時に支払うものとする。家内労働者の休暇中の報酬および追加休暇手当は、報酬手帳の最後にある所定の欄、および現行の報酬明細書の欄に記入しなければならない。

家内労働関係の終了時、委託者は、休暇中の報酬および追加休暇手当を、関係終了までに稼得した労働報酬の総額から算定し、最終の報酬支払い時に同時に支払わなければならない。

拘束力ある決定および労働協約に基づき、たいていは、より長期の休暇、より高い休暇中の報酬および追加休暇手当の請求権が存在する（業種によって内容は異なる）。

本件に関する情報、ならびに休暇中の報酬および追加休暇手当を毎月、定額での支払いとする可能性に関する情報は、各行政管区庁の報酬監督課が提供している。

②祝日手当

各委託者および仲介人は、自らが家内労働に従事させる者に、すべての法定の祝日に対して、それが仕事日と重なる限り、手当を支払う義務を負う。

祝日手当の額は、賃金支払い義務のある祝日 1 日当たり、「算定期間」中に支払われた報酬総額の 0.72% とする。家内労働従事者が算定期間中、短期的にしか就業しなかった場合、または就業の中断があった場合には、祝日手当はその就業期間に得た稼得額から算定される。「算定期間」は固定されており、従って時期をずらすことはできない。

5 月 1 日から 10 月 31 日までの半年間（すなわち、夏を含む半年間）に該当する祝日に対する算定期間は、直前の冬を含む半年間（11 月 1 日から 4 月 30 日まで）とする。11 月 1 日から 4 月 30 日までの半年間（すなわち、冬を含む半年間）に該当する祝日に対する算定期間は、直前の夏を含む半年間（5 月 1 日から 10 月 31 日まで）とする。祝日手当は従って、常に直前の算定期間の稼得額から算定される。

家内労働者は従って、その就業に対する最初の算定期間が経過した後にはじめて、祝日手当の請求権を得ることになる。

その代わりとして、家内労働者が家内労働関係を終了する際、最後の報酬支払い時に、進行中の半年間でこれから支払うべきすべての祝日と、次の半年間のすべての祝日に対する祝

日手当を、家内労働者に支払わなければならない。

祝日手当は、各祝日前の最後の報酬支払い時に支払期日が到来し、支払わなければならない。

（例）バーデン・ヴュルテンベルク州では、以下の法定祝日が対象となる。

・夏季祝日	・冬季祝日
5月1日	万聖節（11月1日）
キリスト昇天祭	クリスマス第1日、クリスマス第2日
聖霊降臨祭翌月曜日	元日
聖体祭	公現祭
10月3日（ドイツ統一記念日）	復活祭聖金曜日、復活祭翌月曜日

なお、家内労働従事者の労働場所が上記のバーデン・ヴュルテンベルク州で、委託者の所在地がバイエルン州で、両地で異なる祝日が制定されている場合には、家内労働従事者の労働場所の制定に従う。

祝日手当の請求権は、家内労働者が祝日のある週、もしくは祝日そのものに、疾病、休暇、仕事がないなどの事由から就業しない場合、または祝日が、委託者の事業所で業務がまったく行われない、または半日しか行われない土曜日に当たる場合でも、成立する。

祝日手当は定率払いも可能である。この支払い方法を選択する場合には、毎月（祝日1日当たりではなく）、稼得した労働報酬の3.96％を、定率の祝日手当として支払わなければならない。

算定期間中の家内労働者の稼得額は、祝日手当の請求権に影響を及ぼさない。すなわち、家内労働者が算定期間中にたとえ僅少であっても報酬を得次第、請求権が成立する。従って、例えば、社会保険加入義務のある報酬を得る家内労働者だけが祝日手当を受けられるわけではなく、社会保険加入義務のないすべての家内労働者も支給を受ける。

複数の委託者を通じて家内労働に従事する場合には、各委託者が、各委託者において稼得した報酬から、祝日手当を支払う義務を負う。

祝日手当は、納税および社会保険料支払いの義務が生じる。支払いを行った祝日手当は、報酬手帳の最後にある所定の欄、ならびに現行の報酬明細書の欄に記入しなければならない。

個別の事例における詳細情報は、管轄の報酬監督課が提供している。

③家内労働手当

家内労働手当は、光熱費、作業場や機械、工具の損耗に関する費用に対し、必要経費を分担するものである。

従って家内労働手当は、労働給付に対する報酬ではなく、報酬手帳（報酬伝票）に別途、記入する必要がある。この手当は報酬総額から算定されるが、純賃金に加算しなければならない。家内労働手当は、それが拘束力のある決定または労働協約で規定されている限り、支払わなければならない。

家内労働手当は10%を超えない限り、納税および社会保険料の支払いを免除される。

④年次特別手当[22]（Jahressonderzahlungen）

　年次特別手当の請求権は、それが労働協約、事業所協定、または個別契約の中で取り決められている場合に発生する。年次特別手当も報酬証明書類に明記する必要がある。

⑤操業短縮手当

　社会保険加入義務のある[23]家内労働者が、その生計費を家内労働関係によってのみ得ているか、または生計費の大部分を家内労働関係によって得ている場合には、操業短縮手当の請求権を有する。操業短縮手当が家内労働者に支給されるのが、早くても当該地域の職業安定機関である雇用エージェンシー（AA）に届出が受理された暦月からとなることから、対象となる家内労働者のために委託者が遅滞なく操業短縮の届出を行うことが重要となる。

　詳細情報は、雇用エージェンシー（AA）が提供している。

⑥支払不能手当

　支払不能が発生する場合には、家内労働者は事業所等の労働者と同様に、一定の条件が存在すれば、支払われなかった労働報酬（最大で3カ月分）の補償請求権を有する。この、いわゆる支払不能手当は、申請に基づき、管轄の雇用エージェンシー（AA）から支給される。支払不能手続の開始後、2カ月の除斥期間内に申請を行わなければならないことから、対象者は遅滞なく、管轄の雇用エージェンシー（AA）に連絡するほうがよい。破産裁判所が支払不能の手続開始の申立てを破産財団不足により却下した場合、または——支払不能の手続なく——操業が停止された場合についても同じことが言える。

　詳細情報は、雇用エージェンシー（AA）が提供している。

⑦母親手当および授乳時間に対する補償

　母性保護法の規定に従い、女性の家内労働者は母性保護期間に対する母親手当の請求権を有する。社会保険加入義務のある女性の家内労働者は、母親手当として、母性保護期間の開始前の、最後の計算済み[24]（abgerechnet）の3暦月の、法定控除分を差し引いた平均的な暦日当たりの労働報酬を受け取る（ただし暦日当たり13ユーロを上限とする）。社会保険加入

---

[22] いわゆる賞与に相当するもの（http://www.gaa.baden-wuerttemberg.de/servlet/is/21653/4_2_1_2c.pdf）。一般的な説明（労働者の場合）https://www.haufe.de/oeffentlicher-dienst/entgelt/jahressonderzahlung-nach-tvoed-und-tv-l_150_427064.html）。

[23] 年金保険について、月平均収入が450ユーロ超の労働者（つまり、月450ユーロ以下のミニジョブ労働者は年金加入から外れることが可能）は、加入義務がある。年金保険機構（DRB）の説明より（2018年12月現地調査）。

[24] 実際の計算額に基づくということ。次のサイトに例として、額が変動する報酬構成要素の支払い月がずれる場合が挙げられている（https://sozialversicherung-kompetent.de/krankenversicherung/leistungsrecht/423-krankengeld-berechnung-bemessungszeitraum.html）。

義務のない女性の家内労働者も同様に母親手当の請求権を有するが、総額で210ユーロを上限とする。

家内労働従事者または同等の者である授乳期の母親は、母性保護法の規定に従い、授乳時間に対して平均時間報酬の75％の報酬を受ける。複数の委託者や仲介人に対して業務を行う場合には、これらの者が報酬額を均分して支給しなければならない。

5．安全衛生対策
（1）情報提供義務

委託者または仲介人は就業を開始させる前に、家内労働を受託する者に対し、行うべき業務の方法、事故の危険および健康リスク、ならびにそれらを防止するための対策および装置について情報を提供しなければならず、この情報の提供を受けた旨を書面により確認しなければならない。

委託者、仲介人、家内労働者、家内事業者、同等の者、外部からの補助労働者は、家内労働委員会および管轄する行政管区庁の報酬監督課に対し、求めがあれば書面によっても、報酬関連のすべての照会に関する情報を提供しなければならず、情報提供の際には特に報酬手帳をはじめ、成果物、サンプルおよびその他の報酬決定または報酬監督のための資料も提出しなければならない。上記の者は、1単位の成果物に対する労働時間に関する調査時に協力する義務を負う。

（2）危険防止

家内労働を発注または仲介する者は、その仕事を引き受ける者に、作業開始前に、なされるべき仕事の方法について、作業時に被る事故および健康の危険について、ならびにこれらの危険を回避するための措置および設備について、教示しなければならない。発注者は、同人から仕事を引き受ける者が、この規定に従って教示されたことを、仕事の受託者に書面をもって確認させなければならない（家内労働法7a条）。

委託者は、自らが家内労働従事者の使用に供する、作業用の技術機器および原材料に関する危険防止の責任を負う。

場所および設備・備品（Betriebseinrichtungen）に関する危険防止については、その場所および設備・備品の保守を行う者、すなわち通例は家内労働従事者が配慮しなければならない。

特に危険物質令の規定を遵守しなければならない。危険物質令には家内労働に対する特別な規定が、次のように定められている。

・家内労働従事者は、委託者または仲介人から提供された危険物質しか使用してはならない。

・極めて有毒な、爆発性の、引火性が高い、発がん性、生殖毒性、変異原性のある、もし

第1章　ドイツ

くはその他の形で人体に慢性的に害を及ぼす危険物質、またはその性質上、経験的に病原体の感染の可能性のある危険物質[25]を、家内労働で使用するために提供してはならない。

　詳細情報は行政管区庁が提供している。危険防止の実施に関する各措置は適宜、営業法に基づき監督権限を有する行政官庁が講じる。

６．家内労働行政機構（所管省庁、監督機関と監督手法、紛争の際の解決手段）[26]

　ドイツの家内労働者は、他国と比べて保護されているが、それでも取り巻く状況が極めて良好とまではいえない。保護規定が遵守されていないことが多く、家内労働者は自らの権利に関する知識がなかったり、権利の請求に不安を感じたりするケースが多いことが理由として挙げられる。孤立した就業環境、仕事の負担や家庭の要求に追われ、家内労働者は、同じ立場の者と情報交換や意見交換ができず、従業員代表委員会や労働組合の代表者、監督官庁の助けを求めることを考えもしない場合が多い。また、家内労働者は厳しい時間の制約に縛られて不定期の労働時間で働いている者が多く、経済的及び社会的に委託者に依存しているケースも多く見られる。

　デュッセルドルフ地方行政区エッセン支所の家内労働保護担当官であるアレクサンドラ・プシビルスカ氏に「家内労働において生じる問題」を伺ったところ、「多くは、支払われる報酬が安すぎる、または報酬が支払われないというもの」とのことであった。こうした場合、担当官は問題について委託者（発注者・仲介者）と話し合い、本当に報酬が少なすぎるかどうかの調査を行う。実際にそうした問題があれば、委託者に対して、未払いの報酬、または少なすぎた報酬の差額を、後から支払うように要請する。委託者が支払いに応じない場合には、裁判所に訴えることもできる。また、労働保護全般の窓口として、日本の労働基準監督署に相当する機関が存在しており、必要があれば、家内労働者に代わって当該機関が委託者を訴えることも可能である。この他の行政による家内労働者の支援としては、所管の州の最高労働官庁による監督と、家内労働委員会の設置が挙げられる[27]。

　なお、あらゆる形態の家内労働について、賃金不払い、あるいは合意した賃金額の不払いなどのトラブルが起こった場合は、労働裁判所が紛争処理機関となる。ドイツでは労働裁判所が身近で簡易に利用できるため、行政相談窓口に頼らず労働裁判所に訴えることが多い。

---

[25] 例として、血液、組織、排泄・分泌物など（https://www.betriebsarzt.uni-kiel.de/intern/doc/muschu-pruefliste-gewerblich.pdf）。

[26] JILPT 資料シリーズ No.117（2013）。

[27] 家内労働委員会のメンバーは、委託者側及び受託者側の委員各3名、及び所管労働官庁が指名する委員長1名で構成される（その他に専門家を招聘することができるが、議決権はない）。事務業務を行う家内労働者のための家内労働委員会には、「住所記入、転記業務、及び類似の業務のための家内労働委員会」が存在する。同委員会が決定した「拘束力ある決定（Bindenden Festsetzungen）」は、当該労働者のための労働条件、最低時給、家内労働割増賃金を規定しており、すべての委託者（発注者・仲介者）はこれを遵守しなければならない。

７．労災保険制度の有無

　災害保険については、家内労働者は就業者として、保険によって保護されている（社会法典 第7編2条）。そのほか、法定の疾病保険への加入義務があるのは、社会法上の就業者とみなされる家内労働者（または同等者）のみで、家内事業者及び仲介者は加入義務がない（社会法典5編5条、6条）。また、介護保険は疾病保険に従うため、家内労働者（または同等者）は加入義務がある（社会法典11編20条）。年金保険についても家内労働者は加入義務があるが、これに関しては家内事業者及び仲介者も加入義務がある（社会法典6編2条）。失業保険については、家内労働者は労働者として認められる（社会法典4編12条）が、同等者は同法における労働者とは見なされない[28]。

８．その他委託者及び家内労働者に対する規制と保護

（１）僅少労働（ミニジョブ）との関係

　家内労働とミニジョブは両立する。ミニジョブに該当する労働報酬の上限は、ドイツ全土で統一的に平均月額450ユーロと設定されている。

　ミニジョブの場合、委託者は定率の社会保険料として、労働報酬の15％を年金保険に、さらに原則として[29]13％を医療保険に、それぞれ支払わなければならない。これはミニジョブで就業する家内労働者に対しても適用される。

　家内労働従事者がミニジョブからしか労働報酬を得ておらず、これに対して委託者が年金保険の定率保険料を支払っている場合には、この従事者は税金を免除される。免除のために家内労働者は委託者に対し、税務署の免除証明書（Freistellungsbescheinigung）を提出しなければならない。ミニジョブが税金を免除されない場合、または免除の対象とみなされるにもかかわらず、委託者に免除証明書が提出されない場合には、その報酬は源泉給与税控除証（ELStAM）に基づき課税されるか、または税金は委託者から、給与所得税カードの提出なしに定率で、労働報酬の20％が徴収されることになる。さらに定率の教会税（通常、給与所得税の8％）と連帯付加税（給与所得税の5.5％）がこれに加わる。

　ミニジョブの課税に関する詳細情報は税務署が、またミニジョブの社会保険加入義務に関する詳細情報は疾病金庫が、それぞれ提供している。

（２）解雇保護（解約告知）

　①家内労働関係は、委託者または仲介人からも、家内労働従事者からも、毎日、各日の翌日に対して解約を告知することができる。

　②委託者または仲介人が家内労働従事者を、4週間を超える長さで就業させる場合には、双方に対し、解約告知期間を2週間とする。

---

[28]　JILPT 資料シリーズ No.117（2013）。

[29]　医療保険の種類によって異なる（https://www.steuertipps.de/lexikon/g/geringfuegige-beschaeftigung）。

- 20 -

③家内労働従事者が主に一つの委託者または一人の仲介人の委託により就業する場合には、この就業関係は告知期間を4週間として、暦月の15日付または末日付の解約を告知することができる。取り決めによる試用期間中は（最長で6カ月間）、解約告知期間を2週間とする。

④家内労働従事者が主に一つの委託者または一人の仲介人の委託により就業する場合、委託者または仲介人から告知される解約に対しては、解約告知期間は以下の通り、延長される。

　　　・就業関係が2年間存続した場合、1カ月に延長し、暦月末付とする。
　　　・就業関係が5年間存続した場合、2カ月に延長し、暦月末付とする。
　　　・就業関係が8年間存続した場合、3カ月に延長し、暦月末付とする。
　　　・就業関係が10年間存続した場合、4カ月に延長し、暦月末付とする。
　　　・就業関係が12年間存続した場合、5カ月に延長し、暦月末付とする。
　　　・就業関係が15年間存続した場合、6カ月に延長し、暦月末付とする。
　　　・就業関係が20年間存続した場合、7カ月に延長し、暦月末付とする。

　なお、家内労働法第29条第4項第2段に、就業期間の算定において家内労働従事者の年齢が満25歳未満に該当する期間は考慮しない、と定められている。この規定は、同一文言である民法典第622条第2項第2段に関する欧州司法裁判所および連邦労働裁判所の判例に基づき、差別禁止に抵触することから、適用することができない[30]。

⑤2週間以上の解約告知期間に対しては、家内労働従事者は、委託される業務量が減少する場合でも[31]、解約告知を受けた直前の24週間に稼得した報酬総額に対する所定の割合の労働報酬の請求権を有する（解約告知期間が2週間の場合は12分の1、4週間の場合は12分の2、1カ月の場合は12分の3、2カ月の場合は12分の4、3カ月の場合は12分の6、4カ月の場合は12分の8、5カ月の場合は12分の10、6カ月の場合は12分の12、7カ月の場合は12分の14）。

⑥委託者または仲介人が少なくとも1年以上、定期的に家内労働従事者に委託してきた業務量を少なくとも4分の1以上、減じる場合には、家内労働従事者は、解約告知期間中に業務量が減少する場合と同様に、労働報酬の請求権を有する。

---

[30] 2010年1月19日の欧州司法裁判所のKücükdeveci事件判決（事件番号：C-555/07）では、ドイツの民法典（BGB）第622条第2項第2段が、EU法の年齢による差別禁止に違反すると裁定された。この判決を受けて、算入制限を廃止し、使用者は遵守すべき解約告知期間を算定する際、労働者が事業所や企業に所属した期間全体の長さを考慮することが必要となった。これは、民法典第622条第2項第2段と同一文言の、解約告知期間の算定に関する年齢制限を含む、家内労働法第29条第4項第2段にも反映されることになり、2019年1月1日に正式に当該条文が廃止された。以上、欧州司法裁判所サイト（http://curia.europa.eu/juris/liste.jsf?language=en&num=C-555/07）、及び連邦労働社会省サイト（https://www.bmas.de/DE/Presse/Pressemitteilungen/2018/das-aendert-sich-im-neuen-jahr.html）。

[31] 解約告知後に委託者が委託量を減らしたとしても、家内労働者が一定額の報酬を請求できるようにするため（https://www.kanzlei-borschel.de/news/2016-10-28-verdienstsicherung-waehrend-der-kuendigungsfrist-bei-heimarbeit.html）。

⑦重度障害者に対しては、解約告知期間が2週間から4週間に延長される。委託される業務量が減少する場合も、この延長した解約告知期間に対応する労働報酬の請求権が存続する。重度障害者法の特別な解雇保護は、家内労働従事者およびそれと同等の重度障害者に対しても適用される。

⑧女性の妊娠期間中および出産後4カ月を経過するまでの解約告知に対しては、母性保護法の規定を遵守しなければならない。詳細情報は行政管区庁が提供している。

⑨両親時間の取得中、両親に解約を告知する場合には、連邦育児手当法の規定を遵守しなければならない。詳細情報は行政管区庁が提供している。

⑩解雇保護法は家内労働従事者には適用されない。ただし、これに関わらず、従業員代表委員会は、主にその事業所のために業務を行う家内労働従事者の場合には、解約告知における共同参加権を有する。そのような家内労働従事者に対し、従業員代表委員会による聴取なしに行われる解約告知は無効となり、就業関係は継続される。

（3）母性保護

母性保護法は家内労働従事者の女性にも適用される。家内労働の受け渡し場所に、母性保護法を印刷したものを、適切な場所で閲覧に供するか、掲示しなければならない。委託者または仲介人は、営業監督局に妊婦の就業を通知する義務を負う。

母性保護の問題に関する詳しい情報、特に就業禁止、授乳時間に対する補償、母親手当、解雇保護に関する情報は、行政管区庁が提供している。

（4）両親時間

家内労働従事者およびそれと同等の者（家内労働法第1条第1項および第2項）は、受託業務に自ら参加する限り、労働者（被用者）と同一条件下で、連邦両親手当・両親時間法の規定による両親時間の請求権を有する。詳細情報は行政管区庁が提供している。

（5）年少労働者保護

18歳未満の家内労働者が就業する場合には、年少労働者保護法の規定を遵守しなければならない（特に14歳未満の児童および全日制学校への就学義務のある年少者の就業禁止、ならびに医師による診察の実施）。

第2節　家内労働の状況

1．家内労働者数、委託者数

図表1-1は、「家内労働従事者・同等の者」と「委託者・仲介人」の業種別の人数を示したものである。「家内労働従事者／同等の者」は、2006年には、計4万5,258人いたが、10年後の2016年には約4割減の計2万7,605人にまで減り、翌2017年の最新数値でも減少に歯止めがかからず、2万6,187人となっている。「委託者／仲介人」も同様に、2006年に

は計 4,631 人いたが、2016 年には 2,645 人、翌 2017 年には 2,582 人まで減少している。

図表 1-1　家内労働にかかる人数（2006 年、2016 年、2017 年）（単位：人）

業種	家内労働従事者・同等の者（2006 年）	同（2016 年）	同（2017 年）	委託者・仲介人（2006 年）	同（2016 年）	同（2017 年）
化学産業、プラスチック加工業	8,414	6,400	6,067	694	501	479
ファインセラミックス、ガラス工業	572	317	267	70	40	35
鉄・金属・電機・光学工業	11,165	5,837	5,799	1,096	545	522
楽器	134	129	118	76	27	30
玩具、クリスマスツリー装飾品、土産品、イベント・パーティ用品	2,116	1,256	1,172	195	103	103
木材加工	1,020	480	445	133	79	56
装身具、装飾品	1,310	928	1,000	131	100	101
紙・ボール紙加工	4,653	2,455	3,328	296	164	201
皮革加工	748	436	484	106	50	53
靴	2,066	1,263	1,155	38	18	17
繊維産業	1,407	1,083	1,261	170	84	90
衣料品、家庭用繊維用品	3,543	1,347	1,071	901	398	395
食品、嗜好品	71	22	21	6	3	3
事務系家内労働	4,025	2,667	1,884	512	384	378
その他	4,014	2,985	2,115	207	149	119
合計：	45,258	27,605	26,187	4,631	2,645	2,582

出所：BMAS *Heimarbeit Statistik (2006, 2016-2017)*.
(https://www.bmas.de/DE/Themen/Arbeitsmarkt/Arbeitsmarktstatistiken/arbeitsmarktstatistiken.html)

　また、近年のデジタル化の進展により、デジタルプラットフォーム等を活用した「事務系家内労働」に何らかの人数的変化があるかを見ると、公式の統計数値からは、4,025 人（2006年）から 1,884 人（2017 年）へと、他の業種と変わらず減少傾向であることが窺える。

　なお、家内労働者は、全体的に女性が占める割合が高い（図表 1-2）。

図表 1-2　家内労働に占める女性の割合（2004 年～ 2011 年、各年末）（単位：%）

	2004 年	2005 年	2006 年	2007 年	2008 年	2009 年	2010 年	2011 年
業種全体	79.4	78.0	77.2	75.8	75.7	74.9	75.2	72.9

出所：：Gemeinsames Ministerialblatt (2005-2012) In Heimarbeit Beschäftigte und Auftraggeber/innen nach Wirtschaftszweigen und Ländern am Jahresende 2004-2011.

２．家内労働に関する議論、動向

（１）白書「労働 4.0」との関連

　2016 年 11 月に連邦労働社会省が発表した「白書労働 4.0」によると[32]、デジタル化の進展に伴い、今後は多様な自営業が生まれる可能性があるとして、自営業に対する保護と社会保障適用の在り方が議論されている。

---

[32]　Bundesministerium für Arbeit und Soziales (2016) *Weißbuch Arbeiten 4.0* (https://www.bmas.de/DE/Service/Medien/Publikationen/a883-weissbuch.html).

ドイツでは従来から、自営業は保護の必要がないとして、労働法や社会保障制度等の適用対象外とされてきた。しかし、近年注目されるデジタルプラットフォームを通じた新しい労働形態に関しては、労働条件と報酬条件の観点から専門家の間で意見が分かれている。高いスキルのある技能労働者が応じるプラットフォームがある一方で、単純でごく小さい仕事（マイクロタスク）を仲介するプラットフォームが存在するためだ。このようなプラットフォームを介した仕事には、労働条件と報酬条件の不透明性（曖昧さ）が目立つ。例えば、競争形式で勝者1人のみに報酬が与えられる、あるいは、プラットフォームの発注者から理由なく成果物の受け取りを拒否されるというような不公正な契約条件などは、批判を受けている。

プラットフォームを介した仕事に関する法学的な多数意見は、「原則として、通常の雇用関係はない」というものである。なぜなら、各々の従属的な仕事の構造的特徴である「人的従属性」がないからである。労務提供自体は指示なしで行われ、ワーカーがその「仕事」を受けるかどうかは各人が自由に決定できる。ただし、その「仕事」に関して時間的な要求や絶え間ないチェック、指示、あるいは依頼人による評価が行われ、人的従属性が存在する場合に限り、「雇用関係がある」と見なされる可能性がある。

白書では、プラットフォームを通じた新しい働き方が今後重要性を増す場合、適切な新しい保護概念を形成する必要があると指摘している。

（2）新しい働き方－「クラウドワーク」と「ギグワーク」との関連

デジタル化の進展に伴うプラットフォームを介した新しい働き方の法的位置づけについては、未だ議論が続いている。ここでは、その議論と家内労働との関連性について概要を説明する。

まず、新しい働き方として注目されているクラウドワークについて見ていく。クラウドには、「Cloud」と「Crowd」という2つの用語がある。現時点で必ずしも概念が統一されているわけではないが、「Cloudwork」は、プラットフォーム上で、企業が個別に選抜した比較的高い技術を有する自営業者等に業務を委託し、報酬を支払う。他方、「Crowdwork」は、厳選された個人ではなくインターネットユーザーの不特定グループ（群集）に仕事が委託される。さらに委託内容も、単純で少額報酬のマイクロタスクやクリックワーク、または勝者のみに報酬が支払われるコンペティション形式が多い。このようにクラウドワークには、高技能者が対応するCloudworkと、業務の難易度や報酬が比較的低いCrowdworkが混在しているが、社会的保護の必要性が論じられているのは、主に後者（Crowdwork）である。そして、いずれも当事者である三者、「クラウドワーカー」「プラットフォーム運営者」「顧客」が、世界のどこでも活動できるため、クラウドワークの状況把握や市場の規制は極めて難しい。

ドイツで比較的知名度の高い3つのプラットフォーム「Upwork」「Clickworker」「InnoCentive」を社会科学研究所（ISF）が調査したところ、単純作業から設計案などの複

雑な業務まで、現状ではかなり混在していた[33]。分析を担当したエリーザベト・フォーグル研究員によると、クラウドワークは一見すると「遊び半分のような競争（Scheinbar Spielerischer Wettbewerb）」に見えるが、実際には徹底的な業績管理体制下にある。プラットフォーム運営者は、各クラウドワーカーの作業工程を漏れなく分析することが可能で、良い評価を得た者だけが、さらなる受注を期待できる状況にある。そのようにして「徹底的な個人業績」志向の制度が生まれる一方で、クラウドワーカー自身に与えられる権利や情報は少なく、通常は社会保障も得られない。また、支払い、労働時間、休暇等の労働法上の最低基準が取引約款で除外されていることが多い。これが企業にとっては、業務を迅速・柔軟に、かつ有利な条件で処理できるメリットにつながっている。

この現状に対して、このまま、十分な規制をせずにクラウドワークが急速に拡大すれば、いずれクラウドワーカーが基幹従業員（Stammbelegschaften）と競合し、将来的に正規の雇用関係を脅かすような強力で広範囲に及ぶ社会的影響が出る可能性があるとフォーグル研究員は警告している。

なお、同じくプラットフォームを介した新しい働き方には「ギグワーク」もある。「ギグ」というのは、元々は舞台パフォーマンスや演奏セッションのことで、その場で提供されるちょっとしたサービスを指す。ここから派生した「ギグワーク」という言葉は、サービスの開始から終了までの短さを強調している。ドイツ政府によると「ギグワーク」とは、プラットフォーム（モバイルアプリ）をベースに「現地で」一般的に「個人」を対象に提供するサービス（仕事）をいう。具体的には、レストランフードの配達サービスのほか、ケア（保育・介護）サービス、清掃サービス、車両輸送サービスなどがある[34]。

「ギグワーク」の場合、プラットフォームを介した「ワーカー（供給側）」と「顧客（需要側）」の双方が現場にいるという「場所」に依拠するため、当地の法律が適用対象となる。この点で、"世界中どこからでも"作業できる「クラウドワーク」とは状況が異なる。

なお、「ギグワーク」と「クラウドワーク」の市場規模を比較すると、「ギグワーク」に対してはるかに多額のベンチャーキャピタル資金が投じられている。これは、「ギグワーク」の多くが日常的なサービスで、継続的な需要がある巨大市場にあるためである。例えば車両による乗客輸送サービス、ケアサービス等のギグワークは、データ処理やロゴデザインといったクラウドワークより、頻繁に多くの人から利用され、各都市に与える作用も顕著で大きい。交通・運輸といったすでに構築され、産業別労働協約によって規律される既存産業は、特に大きな影響を受ける。また、ギグワークの場合、供給側と需要側の双方が現場にいるため、たとえプラットフォーム運営会社の所在地が外国にあっても、当地（サービス提供地）の法規が適用対象となる。

---

[33] *Böckler Impuls10/2018-Crowdworker nicht allein lassen*（https://www.boeckler.de/114210_114222.htm）.

[34] Senatsverwaltung für Integration, Arbeit und Soziales（2017）*Der Job als Gig – digital vermittelte Dienstleistungen in Berlin*（http://www.arbeitgestaltengmbh.de/assets/projekte/Joboption-Berlin/Der-Job-als-Gig-Expertise-Digital-November-2017.pdf）.

このような「クラウドワーク」と「ギグワーク」の違いを明らかにした上で、改めて「家内」で働くことを常態とする「クラウドワーカーの保護の在り方」に焦点を当てると、ドイツの労働法上は、「労働者」、「労働者類似の者」、「家内労働者」の3つの法的区分が考えられる。その3つのカテゴリーへの適用可能性を以下に説明する[35]。

①「労働者」としての法適用可能性[36]

雇用労働者とフリーランスの法的関係の違いは、「人的従属性の程度の違い」にすぎない。つまり、仕事の場所、時間、作業指示等の従属性が強いほど、雇用関係が存在すると仮定されやすい。クラウドワークは既述の通り、「発注者」「クラウドワーカー」「プラットフォーム運営者」の三角関係になっている。発注者とクラウドワーカーの間に契約がある場合、その一部は雇用関係と呼べるかもしれない。しかし、異なる発注者との限定的な契約に細分化され、雇用契約ではない可能性が非常に高い。また、プラットフォーム運営者とクラウドワーカーの間に契約が存在し、永続的な関係性があれば、労働者（＝見せかけの自営，Scheinselbständigte）として位置づけられる可能性もあるが、この場合、年金保険機構（DRB）の地位確認手続き等でしか明らかにされない。

②「労働者類似の者」としての法適用可能性

ドイツの法律は、労働者と自営業者の間に「労働者類似の者（Arbeitnehmerähnliche Personen[37]）」というカテゴリーを設け、労働協約法12a条[38]、連邦有給休暇法第2条、年金

---

[35] Bernd Waas / Wilma B. Liebman /Andrew Lyubarsky / Katsutoshi Kezuka （2017） *Crowdwork – A Comparative Law Perspective* （https://www.hugo-sinzheimer-institut.de/fileadmin/user_data_hsi/ Veroeffentlichungen/HSI_Schriftenreihe/Waas_Liebman_Lyubarsky_Kezuka_Crowdwork.pdf） 、および Senatsverwaltung für Integration, Arbeit und Soziales （2017） *Der Job als Gig – digital vermittelte Dienstleistungen in Berlin* （http://www.arbeitgestaltengmbh.de/assets/projekte/Joboption-Berlin/Der-Job-als-Gig-Expertise-Digital-November-2017.pdf） を主な参考資料とした。

[36] Bernd Waas / Wilma B. Liebman /Andrew Lyubarsky / Katsutoshi Kezuka（2017），および Senatsverwaltung für Integration, Arbeit und Soziales （2017） を主な参考資料とした。

[37] 労働法上の「労働者類似の者（Arbeitnehmerähnliche Personen）」と、社会法上の「労働者類似の自営業者（Arbeitnehmerähnliche Selbständigen）」の語句の違いについて、FPS弁護士事務所のDr. Heike Alps弁護士（労働法専門）によると、単語は違うが、弁護士の立場からは同じものだとしている。その意味するところは、労働者類似の者（あるいは労働者類似の自営業者）は、地位としては自営業者であり、大部分の委託事業を1人の人から請け負っており（経済的に1人の委託者に依存している状態）、年金保険料を払わなければならず（負担してくれる使用者がいないので、保険料は100％自己負担になる）、有給休暇を委託者から付与されなければならないという者を指す（2018年12月現地調査）。

[38] 労働協約法第12a条第1項は、「労働者類似の者」を以下のように定義している；「経済的に従属し、かつ、労働者と同程度に社会的保護を必要としている者（労働者類似の者）で、その者が有償委任または請負契約に基づき他人のために役務を提供し、債務たる給付を自分でかつ大部分労働者の協力なしで履行し、かつ、主として一人のために役務を提供するか、またはその者が就業により得る総収入を平均して半分以上を1人の者から得る場合、ただし、これが予見できない場合には、労働協約に別の定めがない限り、過去6ヶ月間を、この期間の活動が短期のときは、その期間を算定の基礎とする。」と定義している。

保険法（社会法典第 6 編第 2 条第 9 号）[39]、一般平等法（Allgemaines Gleichbehandlungsgesetz）
（第 6 条第 3 項）など労働・社会法を「労働者類似の者」に一部準用している。

　労働者が「人的従属性の強さ」で特徴づけられるのに対して、労働者類似の者は、自営業者であるが、「経済的従属性の強さ」で特徴づけられる。労働者類似の者は、「他の労働者の協力なく基本的に 1 人で遂行する義務のあるサービスを遂行し、さらに、（1）主に 1 人の者のために働くか、または（2）平均してその業務の遂行のために受け取る権利のある報酬合計の大部分[40]が 1 人の者によって支払われる者」とされる。

　また、連邦労働裁判所は、「労働者類似の者は自営業者である。雇用関係を特徴づける人的従属性は、経済的従属性の要素で置き換えられる。通常、その者の生活が、契約相手方のために提供するサービスから得られる収入に依存している場合、経済的従属性があると考えられる。従って、労働者類似の者は、主に 1 人のために働き、その結果得られる報酬が自分の生計の決定的な部分を占めるならば、ほかの複数のクライアントのために働くこともできる」とする[41]。

　これをクラウドワークに置き換えてみると、クラウドワーカーが、生活の糧となる収入の大部分をプラットフォーム運営者から直接報酬を受け取る場合に限り、労働者類似の者と位置付けられる可能性がある。しかし、現実には殆どの場合、クラウドワーカーの報酬の権利的基礎となるのは、発注者による支払いであり、発注者は恒常的に複数いる可能性が高い。

　さらにこうした問題を別にしても、「労働者類似の者」は、あくまでも労働法および社会法の一部が準用されるにとどまる。例えば、労働者類似の者には、連邦有給休暇法（Bundesurlaubsgesetz）第 2 条第 2 文に従い、有給年次休暇の権利はあり、また職場での安全規則の対象にも含まれ、さらに、人種、性別、宗教等を理由とした不利益取り扱いを禁止する平等取扱法も適用されるが、解雇に対する保護を受けることができない。

③「家内労働者」としての法適用可能性

　ドイツの家内労働法は、家内労働者に対して、特別な労働時間保護を付与している（家内労働法第 10 条）。また同法 11（1）条において「仕事量は、労働者の引受能力を考慮に入れて、労働者の間で平等に分配されるべき」だと規定されている。さらに同法は、第 29a 条以下で、解雇に関する特別な保護も含んでいる。業務委託者は少なくとも 1 年間にわたって、または業務委託期間が 1 年より短い場合には、その業務期間の全期間にわたって当該労働者に定期的に発注していた仕事量の 4 分の 1 を削減するつもりである時には、通知期間を守る

---

[39] 社会法典第 6 編第 2 条第 9 号は、その適用対象の範囲に「労働者類似の自営業者」を加え、それを以下のように定義している；（a）自営的活動に関して通常、保険加入義務のある被用者を使用せず、かつ、（b）継続的および大部分ただ一人の委託者のために活動する者」。

[40] 労働協約法（Tarifvertragsgesetz）第 12a 条（1）で規定されている。年金保険機構（DRB）によると、"大部分"とは、具体的に「税法上の収入の 6 分の 5」を 1 人の委託者から得ていることを指す。これは、当該の自営業者が自ら証明しなければならない。通常は、税務申告書や帳簿で確認することが多い（2018 年 12 月現地調査）。

[41] c.f. Federal Labour Court, NZA 2006, 223 (u. II. 2b).

義務がある。また、業務委託者は、雇用するすべての家内労働者のリストを維持し、目に見える場所に掲示し、写しを州の労働監督機関に送付しなければならない（同法第6条第1文〜4文）。また同法は、第21（2）条に基づき、業務委託者は仲介者の契約上の責任に加えて、十分な報酬の支払いに対して共に責任を負うとされている。

しかし、現時点でクラウドワークにおけるプラットフォーム運営者や発注者がこうした責任を負うケースはほとんど存在しない。

このような現状について、ドイツ労働総同盟（DGB）は、家内労働法をクラウドワーカーに適用することを「検討しうる」と評価している[42]。また、従来から家内労働者を組織する金属産業労働組合（IG Metall）は、「家内労働法」の準用を提案し、クラウドワーカーの保護に乗り出している。IG Metall は、オーストリアやスウェーデンの組織と連携して「公正なクラウドワーク（Fair Crowd Work）[43]」というサイトを立ち上げ、クラウドワーカーからの相談を受けたり、プラットフォーム運営者に対する評価（5つ星表記）や、良識ある行動指針に署名したプラットフォーム運営者の公表などを行っている。

しかし、3万人の自営業者を組織化している統一サービス労組（ver.di）は、「"家内"でなく"外"で働く自営のギグワーカーの保護も考慮に入れて、既存の古い法律（家内労働法）を無理に準用させるのではなく、新たな法律を作るべきだ」と、異なる主張をしている[44]。

このように労働組合によっても、家内労働法の準用については、意見が分かれている。

おわりに

以上、家内労働法や家内労働者の現状を概観し、デジタル化に伴うプラットフォームを介した新しい働き方への法適用の可能性について見てきた。プラットフォーム従事者は、個々の事例においては、「労働者」、「労働者類似の者」、「家内労働者」のいずれかに位置づけられ、保護される可能性があるが、原則は自営業者として処遇されている。そのため、プラットフォーム従事者の殆どが該当する1人自営業者（Solo-Selbständige[45]）に対する保護の在り方が別途議論されている。すでに2018年3月に成立したキリスト教民主・社会同盟（CDU/CSU）と社会民主党（SPD）の連立協定[46]では、1人自営業者のみならず、全自営業者の年

---

[42] DGB-Bundesvorstand(09. Mai 2017)Stellungnahme zum ‚Weißbuch Arbeiten 4.0 "des Bundesarbeitsministeriums (https://www.dgb.de/themen/++co++8bb5e742-4066-11e7-84ed-525400e5a74a).

[43] IG Metall サイト（http://faircrowd.work/de/）。

[44] 統一サービス労組（ver.di）の説明（2018年12月現地調査）。

[45] 「1人自営業者（Solo-Selbständige）」の法的定義はない。ドイツ統一サービス労組（ver.di）の Ms. Veronika Mirschel によると、「「1人自営業者」は、「誰も雇っておらず、1人で自営する者」を指す。副業としてクラウドワーク等を1人でしている場合でも「1人自営業者」という。他方、FPS弁護士事務所の Dr. Heike Alps 弁護士によると、「Solo-Selbständige は、長い間 "見せかけの自営" という批判を受けてきた。特に年金保険の関係で強く言われ、マイナスのイメージが広がった。そこで「本当の自営業者」という意味で、「1人自営業者」という言葉が出てきた。メディアが使い始めて、カメラマン等でよく使われるようになった。そのため、現在は、"1人自営業者＝独立した本当の自営業者" という、ポジティブな意味で使われる」との説明であった（2018年12月現地調査）。

[46] Koalitionsvertrag zwischen CDU, CSU und SPD（https://www.bundesregierung.de/breg-de/themen/koalitionsvertrag-zwischen-cdu-csu-und-spd-195906）.

金加入義務化に関する政策合意が発表されており、今後実現に向かうものと思われる。ただ、一部の自営業者に対して従来から実施されてきた年金加入義務制度との整合性をどのように図るのか、あるいは、使用者負担分を誰が払うのか等、細かい点については未定となっている。例えば、「自営の芸術家（音楽家・画家・彫刻家・ダンサー・写真家・デザイナー等）」は、1980年代に保護の必要があるとされ、社会保障（健康保険と法定年金保健）加入の対象とされた。芸術家社会金庫（Künstlersozialkasse）に対しては、芸術家本人が、保険料全体の約3分の1を払い、委託者も保険料を払い、残りの不足分については連邦政府が補助金（税金）を拠出している。国が税金を拠出して彼らを保護するのは、「芸術家は、社会に対して一定の貢献をしているから」という論理だが、これに対する批判は少なくない。また、どのような仕事を「芸術家」とするかの区分が難しく、例えば「Webデザイナー」は対象にならないが、「グラフィックデザイナー」は対象になるといった不公平が生じている[47]。このような"特別な自営の区分"をなくし、自営業者全員に対して年金加入義務を課せば、現状の不公平は解消されることになる。しかし、その際の保険料負担に関して、ドイツ労働総同盟（DGB）は、「芸術家と同様に、委託者が保険料を支払うべきで、連邦政府の補助金拠出には反対」とする立場を示している。これについて、デジタルプラットフォーム運営者は、「自分達は委託者でなく、単なる仲介者であり、保険料を払う必要はない」と主張しており、現状では委託者認定が難しい状況にある。また、DGBが保険料不足部分に対する補助金拠出に反対しているのは、本来労働者が行うべき業務が1人自営業者に代替されるリスクを考慮しているためである。

　なお、比較的高技能の自営業者を代表している「連邦自営協会（Bundesverband Selbstständige Wissensarbeit）」や「独立した知識労働者のための同盟（Allianz für selbständige Wissensarbeit）」は、全自営業者に対する社会保険加入義務化そのものに反対している。彼らは、ドイツの公務員には社会保障加入義務がない点を指摘した上で、「ドイツの公務員も社会保険へ義務加入になるのであれば、私たち自営業者も義務加入にしてもいい」という主張を展開している[48]。

　今後もこのような動向を含め、変化し続けるドイツの取り組みに注目していく必要があるだろう。

【参考文献】
August Wilhelm Otten（2012）*Heimarbeitsrecht—Kommentar zum HAG, zu heimarbeitsrelevanten Normen und Erläuterungen zur Teleheimarbeit.*
Bernd Waas/Wilma B. Liebman/Andrew Lyubarsky/Katsutoshi Kezuka（2017）*Crowdwork–A Comparative Law Perspective.*

---

[47]　ハンスベックラー財団経済社会研究所（WSI）の **Dr. Schulze Buschoff** 労働市場政策部門主任研究員の説明（2018年12月現地調査）。

[48]　ドイツの隣国オーストリアでは、数年前に全ての自営業者に対する社会保険加入が義務づけられたが、オーストリアの公務員は民間と同様に社会保険に加入義務があることを踏まえての発言。連邦労働社会省（BMAS）による説明（2018年12月現地調査）。

Böckler Impuls10/2018 · *Crowdworker nicht allein lassen.*
Bundesministerium für Arbeit und Soziales（2016）*Weißbuch Arbeiten 4.0.*
Baden-Württemberg（2018）*Heimarbeit- eine Information über die Vergabe von Heimarbeit in Baden-Württemberg.*
Senatsverwaltung für Integration, Arbeit und Soziales（2017）*Der Job als Gig – digital vermittelte Dienstleistungen in Berlin.*
Koalitionsvertrag zwischen CDU, CSU und SPD.
JILPT 労働政策研究報告書 No.5（2004）「欧米における在宅ワークの実態と日本への示唆（小俣勝治・飯田恵子ドイツ部分）」労働政策研究・研修機構。
JILPT 資料シリーズ No.117（2013）「諸外国における在宅形態の就業に関する調査（飯田恵子・ドイツ部分）」労働政策研究・研修機構。
一條和生（1990）『ドイツ社会政策思想と家内労働問題』御茶の水書房。
寺園成章（1981）『家内労働法の解説』労務行政研究所。
藤内和公（2016）「ドイツ民間企業における人事評価」『岡山大学法学会雑誌第 66 巻第 1 号（2016 年 8 月）』。

第2章　フランス

はじめに

　フランスには雇用類似の働き方をする者を対象として労働法典の特別規定で保護する制度がある。雇用契約を締結していないために、法律関係では被用者（salarié ＝雇用労働者）としての地位がない就労者は、原則として労働法典の適用対象にはならない。雇用契約を締結していないジャーナリストや演劇役者、ファッション・モデル、在宅就労者、外交商業代理人などを、被用者と同等扱い（assimile）する形をとって、労働法典の第7部の特別規定で保護している。家内労働者もその中に含まれている。

　本稿は、フランスにおける雇用類似の働き方を対象として法的に保護する現行法制とともに、現行法下では適用対象となっていない雇用類似の働き方に対してどのように対処しようとしているのか、その動向を見ていく。日本において家内労働法の適用拡大による雇用類似就労者の保護の可能性が検討されていることをふまえて、フランスにおける家内労働者を保護する法制度とその適用範囲を本稿の視点の中心に据える。日本における家内労働法の適用拡大の可能性をフランスの政策や制度から得られる示唆として捉えてみる。さらに現行制度では労働法典の適用外にある就労者に対する対応状況についても触れる。

第1節　家内労働者（在宅就労者）の概要

　フランスにおける家内労働法制は、「travailleur à domicile」（在宅就労）として労働法典第7部（septième partie）に特別規定として設けられている[1]。フランスにおける家内労働者は、日本の家内労働と異なり、衣服製造業や部品組み立てなど手工業だけでなく、原稿執筆や翻訳作業、校正作業やデザインなど知的労働なども含まれる。日本の家内労働者のような作業範囲が狭義に限定されたものではないため、誤解を避けるために、「travailleur à domicile」を本稿では「家内労働者」ではなく、「在宅就労者」という呼称を用いる。

1. 在宅就労者の就労条件決定の特徴

　フランスの在宅就労者は、自宅で就労し、前もって決められた報酬（rémunération）を受け取ると定義づけされている[2]。在宅就労者の職業分野は、手作業（縫製、工業用製造工程

---

[1] 労働法典 L7411-1 条から L7424-3 条（travailleur à domicile）
[2] 主に政府公共サービスサイト（Travailleur à domicile）参照。
（https://www.service-public.fr/particuliers/vosdroits/F58）
なお、本稿で参照したウェブサイトの最終閲覧日は、特に断りのない限り 2019 年 5 月 17 日である。

などの作業）のほかに、知的労働（図面作成、執筆、校正、翻訳など）も対象である[3]。

　在宅就労者は、業務の委託者（委託元の企業）との契約に基づき、その企業における労働協約や労使協定（conventions et accords collectifs）[4]などが適用される。報酬は、時給および就労時間を基準に決定され、作業に掛かる時間と時間当たり報酬に基づき（事前に）算出される（労働法典 L.7422-1 条、以下、特に断りのない限り、労働法典の条文番号）。最低の報酬および作業に掛かる時間は、労働協約や省令（arrêté ministériel）、県知事令（arrêté préfectoral）などで定められている。時給は法定最低賃金（SMIC）を下回ってはならない（L.7422-8 条）。契約完了の納品期日を順守するために 1 日 8 時間以上の就労を強いられた場合には、割増報酬が支払われなければならない。その割増率は、9 時間目と 10 時間目は 25％増し、11 時間目以降は 50％増しの時給となる（L.7422-9 条）。割増率は労働協約において高く設定することもできる。日曜日や祝祭日に就業を余儀なくされる場合も割増報酬が支払われるが、その割増率は労働協約で決定される（L.7422-10 条）。自宅の作業場などに掛かる費用（frais d'atelier et accessoires）（家賃や暖房費、作業場の照明代など）が加算される（L.7422-11 条）。これらの費用に関しても、労働協約や県知事令により定められる。一般的には、作業場に掛かる費用は、作業に掛かる時間の割合から計算される。

　業務の委託者は、単一の企業とは限らず、複数の企業の業務を引き受けることができる。また、本人だけでなく、配偶者や子供とともに仕事に従事することもできる。この場合の配偶者はパックス締結者[5]なども含む。

　業務の委託者には次の義務が課される。まず、在宅就労の開始および終了した時点で労働監督局（inspection du travail）に届け出する必要がある。また、委託者が在宅就労者に業務を依頼するときに、業務報告書もしくは業務受注書（bulletin ou carnet de travail）を 2 部作成しなければならない。1 部は発注者が、もう 1 部は就労者が保管することになる。業務報告書には、委託者の連絡先、仕事内容と量、発注日、作業時間、報酬額、納品日、作業終了時に支払われる予定の報酬額が明記されていなければならない[6]。在宅就労者に業務を

---

[3]　政府公共サービスサイト（Travailleur à domicile, De quoi s'agit-il ?, Travailleur concerné）参照。（https://www.service-public.fr/particuliers/vosdroits/F58）
図面、執筆、校正、翻訳など知的労働に従事する者の中には通信機器を介して仕事をするものも含まれる。そういった労働者は「テレワーカー（télétravailleur）」と呼べる者も含まれると推察できる。フランスではテレワーカーは「télétravailleur」という。しかし、テレワーカーと télétravailleur は同義ではない。フランスにおいて télétravailleur は雇用契約を締結した被用者（salarié）が職場から遠隔の地を仕事場として就労する形態を指すのが一般的である。あくまでも、被用者の働き方の一つの形態であって、雇用関係にない独立自営の就労者が通信機器を用いて働く場合は télétravailleur には含まないとするのが一般的である（上記の政府公共サービスサイトおよび 2018 年 12 月に実施した現地調査のヒアリング調査の結果による）。

[4]　例えば、衣料産業に関する全国団体協約（Convention collective nationale des industries de l'habillement du 17 février 1958.）特に家内労働者に関しては、Annexe VI Travailleurs à domicile Avenant T.D. 2 du 6 mai 1965。

[5]　Pacs : Pacte civil de solidarité（連帯市民契約）のこと。共同生活を営む非婚姻成人カップルに対して、税控除や遺産相続、年金・保険給付、（外国人の場合）パートナーの滞在許可など、結婚している夫婦に付与される権利の一部を認める制度。

[6]　主に政府公共サービスサイト（Travailleur à domicile, Obligations de l'employeur）参照。（https://www.service-public.fr/particuliers/vosdroits/F58）

委託する者は、行政当局が定める労働者の健康と安全に危険をもたらす可能性のある作業を発注する場合、その労働者および補助作業者の安全と健康を確保する措置を講ずる義務がある（L.7424-2 条）。労働災害補償の適用対象である[7]（社会保障法典 L. 311-3 条）。

また、発注者と就労者の間で紛争がおきた場合には労働裁判所に提訴できる[8]。

２．家内労働法制の歴史的経緯

フランスにおける家内労働法制は、労働法典の中に家内労働者を対象とする規定を有するものであり、法律の成立の経緯として単独法を制定したドイツや、イタリア、オランダ、ベルギーとは異なる[9]。

フランスにおける家内労働法制の立法の契機は 1909 年まで遡ることができる。カトリック・ソシオというキリスト教社会運動のグループが約 5,000 人の女性労働者を組織化し、フランス国会に家内労働法案を提出したのが 1909 年である。この法案は結局成立しなかったが、1915 年 7 月 26 日に衣服製造関係の女性労働者を対象とした家内労働法が成立した。この法律は衣料品業界を対象として賃金格差の解消を主たる目的とするものであった[10]。1922 年には衣料装飾品製造、1926 年には皮革製造、1935 年には絹織物レーヨン織物製造も対象に含まれる改正が行われた。1928 年には、適用範囲が男性労働者にも拡大された。社会保険加入措置は 1935 年ころから段階的に行なわれ、1957 年 7 月 26 日法で社会保障への加入が明記された[11]。

（ア）知的就労への適用

1973 年 11 月 3 日の時点の L.721-1 条において、工業に限らず、非工業分野に関する就労も家内労働＝在宅就労の対象として規定されている[12]。在宅就労者の知的労働分野への適用について、kluwer wolters（2018）には、自宅で行われる製図工やタイピング、教育機関の通信添削作業、翻訳作業、出版関連の編集や校正作業などについて労働法典の適用対象

---

[7] 岩村正彦（2002）「第 4 章 フランス」『労災補償制度の国際比較研究』日本労働研究機構・調査研究報告書 No.148、71 ページおよび岩村正彦（1999）「第 7 章 労災補償」『先進諸国の社会保障 6 フランス』藤井良治、塩野谷祐一編、東京大学出版会、146 ページ等を参照。

[8] 主に政府公共サービスサイト（Travailleur à domicile, En cas de litige）参照。
(https://www.service-public.fr/particuliers/vosdroits/F58)

[9] 労働省労働基準局賃金課（1950）『各国の家内労働法制の概要（一）』第二編各論、「第二章フランス」、7 ページおよび岡部実夫（1972）『家内労働法の解説』労務行政研究所、119 ページ参照。

[10] Chantal Rey, 1999, Le travail à domicile, Journal officiel de la République française, avis et rapports du Conseil économique et social, 10 février 1999.
Chantal Rey, 2001, Travail à domicile, salarié ou indépendant. Incidence des nouvelles technologies de l' information et de la communication, Innovations, 2001, vol. 13, issue 1, pp.173-193.

[11] Loi n° 57-834 du 26 juillet 1957 modifiant le statut des travailleurs à domicile.
労働省労働基準局賃金課（1950）、53 〜 55 ページ参照。1957 年法は、家内労働者を過度に増加させないことを目的とする法律である。

[12] 労働法典の条文番号は 2008 年 3 月 1 日から 4 桁の番号となっており、この条文番号はそれ以前の条文番号である。

が争点となった訴訟を取り上げて解説されている [13]。その他の裁判例も含めて、在宅就労に関連する破棄院判決で労働法典第7部特別規定の在宅就労者と認められた判例は、少なくとも図表2-1の9例が確認できる [14]。

図表2-1　在宅就労に関する破棄院社会部の判決

判決日	業種・職種	争点
1979 年 10 月 11 日	出版関連の編集者	社会保障費用の負担
1981 年 5 月 6 日	タイピング作業	公務員に対して作業依頼した業者の社会保障費用の負担
1983 年 3 月 9 日	イラスト・作図	社会保障費用の負担
1983 年 12 月 14 日	教育機関の通信添削作業	社会保障費用の負担
1988 年 7 月 19 日	出版・校正作業	被用者としての休業補償
1988 年 12 月 21 日	タイピング作業	社会保障費用の負担
1990 年 3 月 29 日	出版社の翻訳・編集業務	社会保障費用の負担
1991 年 5 月 16 日	教育アドバイザー、編集者および校正者	社会保障費用の負担
1991 年 7 月 2 日	エンジニア（化学）による翻訳作業	有給休暇の補償

出所：法令、判例、官報などに関するフランス政府データベースウェブサイト Legifrance および kluwer wolters (2018) に基づき作成。

（イ）出版関連の在宅就労者

　在宅校正者への労働法の適用を争った事案の一つとして、破毀院社会部 1988 年 7 月 19 日判決を挙げることができる [15]。

　出版会社で校正担当者（lecteur-correcteur）として 1972 年から 1981 年まで就労した者が年休補償手当を求めて紛争となり、労働裁判所に訴えられた裁判である。被告である会社側はこの紛争は被用者ではない者が原告となっているため、訴訟管轄が労働審判所ではないと主張した。1986 年のパリ控訴院では、会社側の主張を認められた。家内労働の諸規定は、知的作業に従事する独立自営労働者については当該労働者がそれを要望した場合に適用され、自らの意思で独立自営労働者としての地位を選んだ者は遡及的に適用を主張できないと

---

[13] kluwer wolters '2018' «Le Lamy Protection Sociale 2018», Partie 1 - Régime general, Titre 2 - Champ d'application du régime general, Division 1 - Assujettissement au régime general, Chapitre 1 - Champ d'application professionnel, Section 4 - Illustrations des règles d'assujettissement, Sous-section 11 - Autres catégories légalement assujetties, 182 Travailleurs à domicile (http://www.wk-rh.fr/preview/BeDhHlEhDiCfCgCfCgOs/editionXHTML/lps/182_-_travailleurs_a_domicile/182_-_travailleurs_a_domicile)

[14] ・Cour de Cassation, Chambre sociale, du 11 octobre 1979, 78-12.261, Publié au bulletin
・Cour de Cassation, Chambre sociale, du 6 mai 1981, 80-10.855, Publié au bulletin
・Cour de Cassation, Chambre sociale, du 9 mars 1983, 80-13.107, Publié au bulletin
・Cour de Cassation, Chambre sociale, du 14 décembre 1983, 82-15.519, Publié au bulletin
・Cour de Cassation, Chambre sociale, du 19 juillet 1988, 85-42.847, Publié au bulletin
・Cour de Cassation, Chambre sociale, du 21 décembre 1988, 86-11.835, Inédit
・Cour de Cassation, Chambre sociale, du 29 mars 1990, 87-13.409, Publié au bulletin
・Cour de Cassation, Chambre sociale, du 16 mai 1991, 89-10.381, Publié au bulletin
・Cour de Cassation, Chambre sociale, du 2 juillet 1991, 88-42.228, Inédit

[15] この部分は、小早川真理（2010）「第 2 章　フランス」『「労働者」の法的概念に関する比較法研究』（労働政策研究報告書 No.67）第 2 部第 2 章、174 ページを参考にした。

し、労働審判所の訴訟管轄を否定した[16]。しかし、破棄院での判決は、在宅就業者が独立自営業者であり、かつ契約の解釈上、労働者性を認めがたい場合であっても、次に挙げるL.781-1条第2項(当時)[17]が定める要件を満たす者については、労働法典の適用対象とする。つまり、①工業または商業の企業において、企業の敷地内の建物や付属建物において顧客の滞在中その使用に服することを企業主に任じられ、または承認を受けた者、②主として、あらゆる種類の商品、本、出版物やチケットを、一つの企業により専属的またはほぼ専属的に販売すること、あるいは単一の商工業会社のために荷受、荷扱い、輸送を生業とする者で、企業の建物または企業が指定した場所で、企業が課した条件と価格の下で従事する者である。破棄院では、この条文に該当するものと判断し、原告を労働法典の適用対象として、パリ控訴院の判決を破棄した。

３．知的在宅就労として想定されている職種

　既述のとおりフランスにおける「在宅就労」は手作業による職種だけでなく、知的労働も含まれる[18]。知的な在宅就労の具体例として考えられるのが、イラスト・レーター、インテリア・デザイナー、グラフィック・デザイナー、ウェブ・デザイナーといったデザイン系の仕事、各種執筆を請け負うライター、校正者、翻訳者などである[19]。ただし、労働法典に規定されている「在宅就労」の適用を受けるためには、発注された業務であることが必要要件となる。画家や漫画家が新聞社やテレビ局から発注されて、作業を請け負った場合には「在宅就労」に該当するが、自らの作品を新聞社やテレビ局に売り込んで仕事を獲得する場合には適用外となる[20]。また、知的在宅就労の職業を遂行する上で必要となる手続きを指南する趣旨のウェブサイトが散見され、その中には「在宅就労(travailleur à domicile)」の適用対象を想定している事例も含まれる。いくつかのウェブサイトでは、仕事の紹介を受ける準備段階に簡易登録事業者(auto-entrepreneur)への登録を推奨するものが見受けられる。

---

[16]　パリ控訴院の判決：Cour d'appel de Paris , du 10 juin 1985。

[17]　この条文自体は2008年3月1日までに有効であったが、現行法ではL. 7321-2条に相当する。

[18]　2018年12月に実施した現地調査では複数の労働法学者に聞き取りを行なったが、travailleur à domicile に該当するのは、縫製関係を中心とする手工業に限定されるという見解を示した者もいた。つまり、「travailleur à domicile」に知的労働を含めるという考え方が、広く一般に浸透しているわけでないと考えられる。

[19]　フランスにおける在宅就労の種類について「Gagnez de l'argent avec un travail à domicile」では、100種類ほどの在宅での就労の仕方が考えられると紹介している(https://www.travailler-a-domicile.fr/)。

[20]　現地でのヒアリング調査の結果 (M. Antoine Lyon-Caen, Avocats au Conseil d'Etat et à la Cour de cassation, 13 décembre, 2018)。

既述のとおり、労働法典上の「travailleur à domicile」は独立自営労働者[21]ではないことを要件としているので、一般的に在宅就労の例として挙がっている職種のうち、労働法典上の「travailleur à domicile」には該当しないものも含まれていると考えられる。

第2節　労働法典で例外的に適用対象となっている雇用類似の職種

　フランスの労働法典の第7部「特別規定」では、家内労働（在宅就労）とともに、職業ジャーナリスト、演劇役者、ファッション・モデル、家事労働者、外交商業代理人などを労働法典の適用、一部適用対象として規定している。演劇役者やジャーナリスト、外交商業代理人のように被用者の概念を拡大するかたちで労働法典の適用対象とする場合と、在宅就労者やフランチャイズ経営者のように、被用者の地位は認めないが、労働者としての権利を認める場合の二つの方法がある[22]。

　以下では、フランスにおける労働法典の特別規定において、本来は雇用労働者＝被用者（salarié）ではないが、労働法典の適用、あるいは部分的に適用対象としている職種について、説明済みの在宅就労者以外のものを中心に述べる。

　該当条文は以下のとおりである。

- ジャーナリスト（journalistes professionnels）（L.7111-1 条から L.7114-1 条）
- 演劇役者（artistes du spectacle）、ファッション・モデル（mannequins et agences de mannequins）、演劇子役（enfants dans le spectacle, les professions ambulantes, la publicité et la mode）（L.7121-1 条から L.7124-35 条）
- 不動産管理人（concierges et employés d'immeubles à usage d'habitation）、家事労働者（employés de maison）、対人サービス関連就労者（services à la personne）（L.7211-1 条から L.7234-1 条）
- 外交商業代理人（voyageurs, représentants et placiers）、零細事業主（gérants de succursales）（L.7311-1 条から L.7342-6 条、なお、L.7341-1 条から L.7342-6 条には電子的方法による関係付けプラットフォームを利用して働く労働者（travailleurs utilisant une plateforme de mise en relation par voie électronique）に関する条文

---

[21] フランスにおける独立自営労働者は、労働契約がないこと等によって被用者と区別されている。旧来からある独立自営労働者（travailleurs indépendants）とともに、2009 年から導入された簡易登録事業者（auto-entrepreneur ＝ micro-entrepreneur）という主に二つの形態がある。簡易登録事業者は独立自営労働者と異なり収入の上限が設定されており、納税義務の違いもある。独立自営労働者の場合は収入がゼロであっても納税の義務が生じるが、簡易登録事業者は収入がゼロであれば納税義務はない。
国立統計経済研究所ウェブサイト等を参照。
(https://www.insee.fr/fr/metadonnees/definition/c1748)
(https://www.insee.fr/fr/metadonnees/definition/c1500)

[22] 現地でのヒアリング調査の結果（M. Antoine Lyon-Caen, Avocats au Conseil d'Etat et à la Cour de cassation, 13 Décembre, 2018）。なお、細川（2019）では、「労働契約の立法による拡大」と「労働法典の一部の他の契約への適用」として説明している（細川良（2019）「第2章 フランス」『労働法の人的適用対象の比較法的考察』労働政策研究・研修機構資料シリーズ No.214、49 から 50 ページ参照）。

が含まれる。

・在宅就労者（L.7411-1 条から L.7424-3 条）

1. ジャーナリスト

　労働法典第 7 部第 1 巻（Livre Ier）第 1 編（Titre Ier）において、ジャーナリストと報道機関の契約は、一定の要件を満たした場合に労働契約と推定される（L.7111-4 条）。

　一つまたは複数の日刊刊行物または定期刊行物の出版社、報道機関においてジャーナリスト業務を主たる職業として行い、その業務を主たる収入源としている者が労働法典の適用対象のジャーナリストである（L.7111-3 条）。フランス国内外の通信員（correspondant）についても、報酬が固定給で、上記の条件で就労している者は職業ジャーナリストであり、当該ジャーナリストと報道機関との間の契約は労働契約と推定される。また、一定の編集協力者（les collaborateurs directs de la rédaction,）、編集者・翻訳者（rédacteurs-traducteurs）、逐語記者（sténographes-rédacteurs）、編集者（rédacteurs-réviseurs）、記者・漫画家（reporters-dessinateurs）、フォトジャーナリスト（reporters-photographes）も職業ジャーナリストと同じ取扱いとされている（L.7111-4 条）。

2. アーティスト・ファッションモデル

　第 7 部第 1 巻第 2 編（Titre II）にはアーティスト、特に音楽家や俳優などの興行芸術家（artiste du spectacle）については、L.7121-1 条以降において規定しており、報酬を支払うことにより、芸術家の協力を確保する契約は労働契約と推定される。ただし、芸術家が商業登記簿（registre du commerce）に登録して当該活動を行なっている場合はその限りではない（L.7121-3 条）としている。

　この推定は、舞台に参加している以上、表現の自由を保持していることや、道具の一部または全部を自己所有していること、興行芸術家が補助者として第三者を雇用していることが証明されても覆らない（L. 7121-4 条）[23]。

　舞台芸術家の対象範囲については、演劇アーティスト、振り付け師、ミュージシャン、歌唱曲ライター、指揮者、オーケストラ編曲者、舞台監督、サーカス団員、操り人形師などが挙げられている（L.7121-2 条）。

　L.7123-1 条から L.7123-32 条ではファッション・モデルに関する規定、L.7124-1 条以下には演劇子役に関する規定も設けられている。

---

[23] ただし、例えばジェラール・ドパルデューのような著名な俳優がプロデューサーとしても映画作成に携わっているような場合、被用者として推定することはできない（現地でのヒアリング調査の結果、M. Antoine Lyon-Caen, Avocats au Conseil d'Etat et à la Cour de cassation, 13 décembre, 2018）。

3．不動産管理人、家事労働者、対人サービス関連就労者

　不動産の管理人については、第7部第2巻（Livre II）第1編（Titre Ier）、L.7211-1条からL.7215-1条において規定されており、労働法典が一部適用される。家事使用人については、L.7221-1条からL.7221-2条において規定されており、労働法典の一部が適用される（第2編（Titre II））。対人サービス提供者、すなわち、高齢者、身体障害者、または自宅で個人的な援助を必要としている人々の支援する者、世帯または家族の仕事に関連する自宅にいる人へのサービスを提供する者については、L.7231-1条からL.7234-1条に規定されている（同じく第2編）。

4．外交商業代理人、零細事業主等
（ア）外交商業代理人

　労働法典第7部第3巻（Livre III）第1編（Titre Ier）には、外交商業代理人（voyageurs, représentants, placiers）は「被用者としての地位にある商業代理人で、自己の計算における商取引をおこなうことなく、1人または複数の使用者のために専らそれをなす者」のことである[24]。次の四つの要件を満たすことにより労働法典上に特別規定が適用される。①一つまたは複数の使用者のために就労していること、②販売代理業を専門的かつ継続的に行っていること、③自己のために商業的活動を一切行っていないこと、④使用者によって販売すべき商品、販売活動の地域、訪問すべき顧客層、報酬率が定められていることである（L.7311-3条）。被用者としての地位にあることから、労働法典の適用を受ける「労働者」に該当するが、他方で、その独自の地位を考慮して、賃金、労働時間等について特別の規定が置かれている[25]。

（イ）零細事業主

　フランチャイジー（加盟店事業主）に関しても一定の要件を満たせば、労働法典の適用対象となる（第7部第3巻第2編（Titre II））。フランチャイズ契約による小売店主、すなわちあらゆる性質の商品、本、出版物、あらゆる種類のチケットを一つの企業により専属的またはほぼ専属的に販売することに該当すれば、労働法典の適用対象となる（L.7321-2条）。また、一つの会社と専属契約を結んでいるトラック運転手、すなわち唯一の商工業会社のために荷受、荷扱い、輸送を行うことを業とする者で、企業の建物または企業が指定した場所で、企業が課した条件と価格で従事する者に関しても労働法典の適用対象となる（L.7321-3条）。

---

[24] 細川良（2015）「フランスにおける雇用終了にかかる法制度」『フランスにおける解雇にかかる法システムの現状』労働政策研究報告書 No. 173、第1章、39ページ参照。

[25] 前掲注24、細川良（2015）、39ページ脚注参照。

（ウ）電子的方法による関係付けプラットフォームを利用して働く労働者

　2016年の法改正によって、第3巻第4編（Titre IV）にデジタル・プラットフォームを介して就労する労働者を対象とする規定が設けられた（L.7341-1条からL.7342-6条）。

　適用対象となるのは、職業上の活動のために一般税法典L.242bis条（article 242 bis du code général des impôts）に定義されている一つ以上の電子連絡プラットフォームを使用する自営業者である（L.7341-1条）。L.7342-1条以下で「プラットフォームの社会的責任」について規定しており、職場での事故の危険性をカバーする保険に加入（L.7342-2条）、プラットフォームによる責務としての職業訓練への参加（L.7342-3条）、労働組合を結成、加盟、集団的利益を主張する権利の享受（L.7342-6条）に関する規定が設けられている。

５．在宅就労者

　第4巻（Livre IV）には、労働法典における在宅就労者保護に関する規定が、L.7411-1条からL.7424-3条までに規定されている。その規定の概要については、上記、第2節（1）、「在宅就労者の就労条件決定の特徴」において、条文を付して説明済みである。

　「定義・範囲」についてL.7412-1条からL.7412-3条まで、「在宅勤務の実施」についてL.7413-1条からL.7413-4条まで、「作業時間の決定」についてL.7422-1条からL.7422-3条まで、「報酬の支払」についてL.7422-4条からL.7422-8条まで、「紛争処理」についてL.7423-1条およびL.7423-2条、「労働安全衛生」についてL.7424-1条からL.7424-3条までにおいて規定されている。

第3節　デジタル・プラットフォーム関連の法改正の動き

　新たな雇用類似就労者への労働法典による対応として、デジタル・プラットフォームを介して就労する者を対象として法的に保護する改正が見られる。

1．2016年労働法典改革（エル・コムリ法）

　2016年8月8日の改正によって、プラットフォーム運営者の社会的責任を明記した改正が行われた。業務上生じる事故をカバーするための保険の加入や、プラットフォームを介して就労する労働者に対して継続的な職業訓練を受けさせる責務を負うことが規定されている。また、プラットフォーム就労者の団結権を認めることが規定されている[26]。

　労災保険については、プラットフォーム就労者が任意で社会保障法典L.743-1条に規定された労災保険に加入する場合、その保険料は法令で定められた一定の上限の範囲内でプラットフォームが負担する。ただ、プラットフォーム自身が契約する団体保険があり、労災に関する補償が上記の任意加入の労災保険と同水準の保障が受けられる保険であるならば、プラ

---

[26] Loi n° 2016-1088 du 8 août 2016 relative au travail, à la modernisation du dialogue social et à la sécurisation des parcours professionnels, Article 60.

ットフォーム就労者が加入して、その保険料をプラットフォームが負担するのでも構わない（L.7342-2条）。

　職業訓練については、労働法典が自営業者、自由業者等を対象として職業教育を受ける権利を規定しているL.6312-2条に基づき、継続職業訓練を受ける権利がある。L. 6331-48条に規定されている通常は自営業者が自ら負担する拠出金は、プラットフォーム運営者が負担する。L. 6111-1条およびL. 6411-1条に規定されている職業経験認定制度を活用するにあたって要する費用についても、プラットフォーム運営者が費用を負担する（L.7342-3条）[27]。

　団結権については、L.7341-1条に規定された自営業者（travailleurs indépendants）は、組合を設立して組合に加入し、組合を通じて集団的に権利を主張することができる（L.7342-6条）。また、自営業者が自らの要求を守る目的でサービス提供を集団的に拒否する場合、自身の権利の濫用にあたらない限り、自営業者に契約上、果たさなければならない責任が発生することはなく、プラットフォーム運営者による制裁措置が正当化されることもない（L.7342-5条）[28]。

２．2018年労働法典改革

　2018年8月1日に可決成立した「職業訓練や見習制度、失業保険制度の改革を目的とする職業の将来法案（Projet de Loi pour la liberté de choisir son avenir professionnel）」において、デジタル・プラットフォームの経済モデルや活動を妨げることなく、労働者の保護・権利を拡大するために社会保障の基本的な一面を拡大することを目的とする条項が盛り込まれた。

　デジタル・プラットフォームが「社会的な責任を果たす条件や方法を決定するための憲章」を任意で作成することができることを規定したものだった。この憲章に規定されるのは、デジタル・プラットフォーム運営者とプラットフォームを介して就労する労働者の間での締結される契約が専属ではないことを保障すること（他のプラットフォームで就労することを認めること）や、妥当な報酬や就労時間、労災の防止措置、委託（サービス仲介）契約の打ち切りの際の補償、職業訓練の支援などである[29]。この憲章はデジタル・プラットフォームを介して就労する労働者の福利厚生を向上させることを目的としており、デジタル・プラットフォームのウェブサイト及び契約の附則として明示されることが想定されていた。また、同法では、憲章の策定及びその遵守が、プラットフォームと労働者の間での従属関係がないことが確認されることも明記された。すなわち、憲章の制定及び遵守することによって、デジ

---

[27] 現地でのヒアリング調査の結果によると、職業訓練の規定は、まだ曖昧なままだという指摘もある（Professeur Pascal Lokiec（Professeur à l'École de droit de la Sorbonne（Paris 1）），11 décembre, 2018）。

[28] この日本語訳については笠木映里（2017）「Uber型労働と労働法改正」、Field Eyeボルドーから―②『日本労働研究雑誌』No. 687、October 2017を参照。

[29] 現地でのヒアリング調査の結果（Professeur Pascal Lokiec（Professeur à l'École de droit de la Sorbonne（Paris 1）），11 décembre, 2018）。

タル・プラットフォームは、サービスを委託している労働者との間で雇用契約が求められる可能性がなくなることを意味している。つまり、プラットフォーム運営者にとって、サービスを委託している労働者との間で、被用者として雇用関係を強いられるリスクを回避することができるようになったのである。これは、労働者にとっては、雇用労働者に近い恩恵を受けることができると同時に、デジタル・プラットフォーム運営にとっても、労務費が高く、解雇が難しい正社員化を防ぐことができる利点があるということである。ただし、この憲章の策定は、義務付けられた訳ではなく、任意の策定されるものである。

　しかし、法律の上下院での可決後9月4日、この条文は憲法評議会によって削除する判断が下された。その理由は、このプラットフォームの憲章について規定した条文内容が、法案全体の趣旨と合致しないものであるという理由である。フランスでは、憲法の第45条の規定によって、議会が法律の目的と直接的または間接的に関連がない条項を採択した場合、憲法評議会がそれを無効と見なすことができることが規定されている。

　法案の趣旨自体には問題がないため、同じ趣旨の条文が、モビリティ法案（通称 LOM 法案）に盛り込まれて 2018 年 11 月 26 日に閣議決定がなされた[30]。

3．モビリティ法案

　モビリティ法案（通称 LOM 法案）は、19 年 3 月 6 日から上院で審議が始まった。新時代のモビリティへの移行を合言葉として、各種の措置を盛り込んだ広範な内容の法案である。環境汚染度が高い車両を対象にした乗り入れ禁止措置の導入拡大や市町村による新モビリティ整備への支援の枠組みの導入といった規定が盛り込まれている。

　この法案にプラットフォーム運営者の社会的責任を規定した L. 7342-1 条、L.7342-3 条と L. 7342-4 条を改正するための条文が盛り込まれている[31]。プラットフォーム運営者と就労者の間の権利義務関係や就労条件等を規定する憲章を任意で制定できることに関する規定である。就労者は複数のプラットフォームの自由な利用、プラットフォーム間の非排他的な関係の保証や、就労者が専門的スキルを習得するために個人の職業訓練アカウントの保持を政令で定められた条件で明記すること、職務遂行に伴う危険や第三者に起因する損害を防止するための措置、プラットフォーム運営者と就労者の間で情報共有と対話の枠組みを設定することなどを憲章で規定することとされている。

---

[30]　Ministère de la Transition écologique et solidaire, Présentation du projet de loi d'orientation des mobilités.
　　（https://www.ecologique-solidaire.gouv.fr/sites/default/files/2018.11.26_projet_loi_orientation.pdf）

[31]　Projet de loi d'orientation des mobilités (TRET1821032L), Dernière modification: 10 avril 2019.
　　（https://www.legifrance.gouv.fr/affichLoiPreparation.do?idDocument=JORFDOLE000037646678&type=general&typeLoi=proj&legislature=15）

諸外国における家内労働制度―ドイツ、フランス、イギリス、アメリカ―

【参考資料】

Chantal Rey, 1999, Le travail à domicile, Journal officiel de la République française, avis et rapports du Conseil économique et social, 10 février 1999.

Chantal Rey, 2001, Travail à domicile, salarié ou indépendant. Incidence des nouvelles technologies de l'information et de la communication, Innovations, 2001, vol. 13, issue 1, 173-193.

kluwer wolters (2018) «Le Lamy Protection Sociale 2018», Partie 1 - Régime general, Titre 2 - Champ d'application du régime general, Division 1 - Assujettissement au régime general, Chapitre 1 - Champ d'application professionnel, Section 4 - Illustrations des règles d'assujettissement, Sous-section 11 - Autres catégories légalement assujetties, 182 Travailleurs à domicile.

Olivia MONTEL (Dares), 2017, L'économie des plateformes：enjeux pour la croissance, le travail, l'emploi et les politiques publiques, Document d'études, Numéro 213, Août 2017, direction de l'animation de la recherche, des études et des statistiques. (https://dares.travail-emploi.gouv.fr/IMG/pdf/de_2013_economie_collaborative.pdf)

Roger Jambu-Merlin, Les travailleurs intellectuels à domicile, Droit social, n°7/8, juillet-août 1981.

岩村正彦（2002）「第4章 フランス」『労災補償制度の国際比較研究』日本労働研究機構・調査研究報告書 No.148。

岩村正彦（1999）「第7章 労災補償」『先進諸国の社会保障6 フランス』藤井良治、塩野谷祐一編、東京大学出版会。

岡部実夫（1972）『家内労働法の解説』労務行政研究所。

小早川真理（2010）「第2章 フランス」『「労働者」の法的概念に関する比較法研究』（労働政策研究報告書 No.67）、第2部第2章。

笠木映里（2017）「Uber 型労働と労働法改正」、Field Eye ボルドーから―②『日本労働研究雑誌』No. 687、October 2017。

寺園成章（1981）『家内労働法の解説』労務行政研究所。

細川良（2015）「フランスにおける雇用終了にかかる法制度」『フランスにおける解雇にかかる法システムの現状』（労働政策研究報告書 No. 173）、第1章。

細川良（2019）「第2章 フランス」『労働法の人的適用対象の比較法的考察』労働政策研究・研修機構資料シリーズ No.214。

労働省労働基準局賃金課（1950）『各国の家内労働法制の概要（一）』第二編各論、「第二章フランス」、48～81ページ。

第3章　イギリス

はじめに

　イギリスでは、わが国の家内労働に近い労働（個人への物品の製造の委託）が伝統的に行われてきたとされるが、これを一意に表す語はなく、在宅労働全般を指す「home work」という語[1]が充てられている。McCarthy（2018）によれば、物品の製造に従事する従来型の家内労働は、女性の雇用労働が必ずしも一般的ではなかった19世紀中頃から20世紀初頭までに、育児等の家庭責任との両立を可能とする働き方として広がった。衣服の裁縫や、箱の糊付け、バッグの修復、テニスボールの縫製、動物の毛刈りなど、多様な作業を担う女性労働者が、ロンドンやバーミンガム、リーズ、グラスゴーなどの都市を中心に数十万人にものぼったとされる。相対的に高い技能を持っていた一部の家内労働者を除けば、大半は貧困状態にあり、使用者（委託者）からの搾取を受けやすかったという[2]。当時の賃金労働全般にみられた、劣悪な労働条件や低い報酬額が、いわゆる「苦汗」労働として問題視され、是正に向けた運動が行われた結果、1900年代はじめには家内労働者の保護に関する法整備が行われた。

　以降、家内労働は一旦は減少するものの、その後、1970年代から80年代にかけて、再び盛んに活用されるようになった。これには、廉価な衣料品という新たな市場に、小規模サプライヤーとして南アジア移民（主に男性）が多く参入し、彼らがしばしば、家族や親戚など地域[3]のマイノリティコミュニティの女性を縫製の仕事で雇ったことが影響している。その労働条件は多くの場合、かつての苦汗労働に酷似していたという。

　一方で、1970年代以降は女性の労働市場への参加が進んだ時期であり、また情報技術の発達を背景として、従来とは異なる自宅での就労機会も拡大したとされる。サービス化とその裏面での製造業の衰退、あるいは国外のサプライヤーへの委託の増加などにより、物品の製造に関する家内労働は需要・供給の両面で減少したとみられるが、こうした推移は統計上で確認することはできない[4]。

　以下、本章では家内労働者や在宅労働者、自営業者に適用される現行制度の概要を紹介する。また近年、情報技術の発達に伴って拡大しているとされる、デジタル・プラットフォームを通じた新しい働き方の就労者に関する法的保護をめぐる議論について、併せて紹介する。

---

[1]　Factory and Workshop Act 1901 は、家内労働を home work、これを請け負う者を outworker としている（いずれについても明確な定義はない）。

[2]　使用者にとっては、被用者向けの保護や規制などから自由で、需要の変動に対応した調整が容易な労働力として有用であったとされる（Pennington and Westover（1987））。

[3]　ロンドン、ヨークシャー、ウェスト・ミッドランドなどが代表的とされる。

[4]　在宅労働者に関して利用可能なデータは、家内労働者以外の就業者が大半を占める（後述）。

第1節　制度概要

１．法制度の状況

（１）概要

　家内労働に関する特別法や、家内労働制度に相当する制度はない。かつては、家内労働者の保護施策として、委託者には、家内労働者リストの監督官（inspector）や自治体（district council）への届け出（自治体には年2回）、契約内容を家内労働者に書面で提示することなどが法的に義務付けられていた[5]が、1974年職場安全衛生法[6]および同法に基づく安全衛生庁（Health and Safety Executive : HSE）の新設を機に、届け出制度は廃止された[7]。

　一方、賃金面の保護としては、1909年産業委員会法（Trade Boards Act 1909）が、低賃金業種[8]における労使間の協議機関（industrial wage board）の設置を法制化し、家内労働者を含む業種内の労働者に適用される時間当たり賃金額（hourly rate）の下限や、これと同等の出来高払いにおける最低賃率（piece rate）を設定する権限を与えた[9]。業種や機能の拡大を経て、賃金審議会（wage council）と改称されたこの協議機関[10]は、最低賃率の決定のほか、賃金監督官として検査を行うこともできたが、家内労働者については、検査対象が個人の住宅となることから、「招待」があった場合にのみ検査が行われていたとみられる[11]。

　その後、1980年代の規制緩和策の一環として機能が再び縮小された後、賃金審議会は1993年に廃止された[12]が、1997年に成立した労働党政権により、1999年には全国レベルの制度としては初めての全国最低賃金制度が導入され、原則として業種を問わず労働者全般（家内労働者を含む）に最低賃金が適用されることとなった。

　家内労働に固有の法制度はないため、家内労働者には一般法を通じて、法的権利の保護が適用される[13]が、その内容は、就労実態に基づいて判断される法的区分（employment status）により異なる。雇用法における就労者の区分は、「被用者」（employee）と「労働者」

---

[5]　家内労働（home work）従事者の扱いを特別に定めたのは、1901年工場・作業場法（Factory and Workshop Act 1901）とされる（US Bureau of Labor Statistics (1919)）。その後の改正を経て、1961年工場法（Factories Act 1961）では、133条及び134条で規定されている。

[6]　Health and Safety at Work Act 1974

[7]　The Factories Act 1961 Etc. (Repeals and Modifications) Regulations 1974 の explanatory note による。

[8]　導入当初、対象業種は ready and bespoke tailoring、paper box making、lace finishing、chain-making の4業種にとどまった。

[9]　Deakin and Green (2009)

[10]　Wages Councils Act 1945 による。改正を経て、1979年賃金審議会法（Wages Councils Act 1979）。

[11]　家内労働と賃金審議会の関係に関する1979年の議会議事録 (Hansard) による。（https://hansard.parliament.uk/Commons/1979-07-10/debates/eff82b87-ae00-44bc-ac98-8d12c9b508c8/Homeworking）。なお、1989年の議会議事録では、賃金審議会により違法な低賃金状況が把握された家内労働者の比率が、1980～89年の期間について報告されているが、年によって0.5%から8.3%まで幅がある（https://publications.parliament.uk/pa/cm198990/cmhansrd/1990-02-01/Writtens-2.html）。

[12]　Trade Union Reform and Employment Rights Act 1993 による。ただし、これに先立って、既に1960～70年代には、自律的な労使交渉を阻害するとの議論から、50万人規模の労働者を対象とする複数の賃金審議会が廃止されていたとされる。

[13]　労働政策研究・研修機構（2004）は、在宅労働に関連する法令として、20余りの法・規則を挙げている。

(worker) に分かれ、保障される権利が異なる（図表 3-1）。雇用契約に基づく「被用者」に対しては、雇用法制の定める広範な権利が保障される一方、雇用契約はないが、就業実態が純粋な自営業者とみなされない「労働者」については、一部の権利が保障される。さらに、これらのいずれにも該当しない者が、自営業者（self-employed）とされ、原則として雇用法上の権利保護の範疇外となる。ただし、使用者との間で自営業者として契約を締結している場合であっても、就業の実態が基準に合致しないと判断される場合、労働者あるいは被用者としての権利が保護される場合がありうる。

図表 3-1　就業者の区分による雇用法上の権利／保護

権利／保護	被用者	労働者	自営業者
不公正に解雇の対象とされない（勤続 2 年超の場合）	○	×	×
労働条件に関する書面での受け取り	○	×	×
項目別の給与明細	○	×	×
解雇に先立つ法定通告期間	○	×	×
整理解雇の際の法定整理解雇手当	○	×	×
職場における差別からの保護	○	○	△
全国最低賃金	○	○	×
賃金からの違法な控除からの保護	○	○	×
年次有給休暇	○	○	×
1 日及び週当たりの休息	○	○	×
自動加入年金	○	○	×
懲戒処分・苦情申立ての面談で同席者を伴うこと	○	○	×
法定の個人データの保護	○	○	○
内部告発者に対する保護	○	○	△
傷病手当	○	△	×
出産・父親・養子休暇および手当	○	×	×
無給の看護休暇	○	×	×
柔軟な働き方の申請権	○	×	×
産前ケアのための休暇	○	×	×
組合活動のための休暇	○	×	×
事業譲渡に関する法律の下での保護	○	×	×
職場における安全衛生	○	○	○

注：「労働者」は法律上、被用者を含む概念だが、表中の「労働者」のように、「被用者」を除いた層としてしばしば用いられる。なお、表中の「○」は各権利が法的に保護されていること、「△」はその可能性があること、「×」は保護されないことを示す。
出所：CIPD (2017) "To gig or not to gig? Stories from modern economy"

労働者か自営業者かの判断基準は、大きくは以下の通りとされる[14]。
①義務の相互性（雇用主に仕事を提供する義務または遂行された仕事に対して報酬を支払う義務があり、労働者の側に仕事を行う義務があることが相互に了解されている）
②管理（労働者個人に対して、管理または管理する権限がある）

---

[14]　BEIS, HM Treasury, HMRC (2018)

③自身による役務の提供（労働者自身が役務を提供することが義務付けられている）

政府によるガイダンスウェブサイトは、自己診断のための判断基準として、各種の具体的な状況を挙げている（図表3-2）。

図表3-2　被用者、労働者、自営業者に関する自己診断のポイント

被用者である可能性が高い	労働者である可能性が高い
・休暇、病気による休業、育児休業などの場合を除いて定期的に働かなければならない ・最低限就業すべき時間が定められ、働いた時間に基づいた報酬の支払いを期待する ・管理者または監督者が、業務量や個々の仕事の期限、実施方法に関する責任を有する ・他の者によって自分の仕事をさせることができない ・事業者側が賃金から税・国民保険料を控除する ・有給休暇を得ている ・契約上の、あるいは法定の傷病手当（病気休暇の期間中の賃金）の支払いを受ける権利がある ・事業者の提供する年金スキームに加入できる ・事業者による懲戒や苦情処理の手続きが適用される ・事業者の事業所または事業者が指定する場所で就業している ・整理解雇手続きが契約に設定されている ・仕事に必要な物資や道具、装備を事業者が提供する ・事業者のためだけに働くか、または他の仕事を有する場合も全く別個の仕事に就いている ・契約、雇用条件または仕事のオファーに関する文書（雇用契約）で雇用主や被用者といった用語が用いられている	・契約その他の取り決めにより、報酬のために自らが労働する（契約は書面でなくともよい） ・報酬は金銭または現物支給により、これには例えば将来の仕事の契約の約束を含む ・自分以外の者を送って仕事をさせる権利は限定されている ・望むかどうかにかかわらず、仕事に現れなければならない ・使用者は、契約その他の取り決めが継続する限り、仕事を提供しなければならない ・自らの保有する有限会社の事業の一環としてでなく（使用者を顧客として、取り決めに基づいて行うのではなく）、仕事を行っている

	自営業者である可能性が高い
	・自ら事業を行っており、事業の成否による利益または損失に責任がある ・自らの仕事の内容、これを行う時間や場所、方法について決定することができる ・自分以外の者を雇って仕事をさせることができる ・不十分な仕事の修正に自分の時間を充てる責任がある ・使用者は、仕事の完了に要する時間ではなく、仕事自体に対する固定料金に合意する ・事業に要する資産や運営の経費、道具や装備を自らの金銭で賄う ・複数の顧客（使用者）と仕事をすることができる

出所：Gov.uk ウェブサイト
https://www.gov.uk/employment-status/selfemployed-contractor
https://www.gov.uk/employment-status/worker
https://www.gov.uk/employment-status/employee

家内労働者は、自営業者として扱われることが少なくないとみられるが、雇用法に保障された労働者としての権利の保護を求める場合、裁判所への申立てにより救済措置を受けることが可能である。上記の諸点に照らして、労働者と認められる場合には、有給休暇や病気休暇（病気による休業時の給与の支払い）、最低賃金制度などの権利が保護される。

なお、在宅労働者によって雇用上の地位が争われた代表的な判例として、例えば Airfix Footwear Ltd v. Cope [1978][15] や Nethermere (St Neots) Ltd v Taverna and Gardiner [1984][16] では、被告会社による契約打ち切りに対して原告側が不公正解雇を争っており、い

---

[15]　https://www.gov.uk/hmrc-internal-manuals/employment-status-manual/esm7060
[16]　https://www.gov.uk/hmrc-internal-manuals/employment-status-manual/esm7110

ずれについても原告を被用者と認める判決が示されている[17]。

　なお、いわゆる「フリーランス」は法的区分には直接対応しておらず、就業の実態次第で被用者、労働者、自営業者のいずれにも該当しうるとされる[18]。これには、派遣事業者やアンブレラ企業（顧客企業に代わって労働者を雇用、賃金を支払い、社会保険等を拠出）のもとで雇用され、顧客である企業に派遣される場合などが想定される[19]。

２．最低賃金制度の適用

　最低賃金制度は 1998 年に導入された。原則として国内の全ての労働者に一律の額を適用するもので、年齢層に応じた 4 区分およびアプレンティス（企業における見習い訓練）向けの計 5 種類の最低賃金額が設定されている[20]。適用の有無は対象者の法的区分により、自営業者あるいはボランティアは原則として適用が除外される。

　1999 年全国最低賃金規則は、在宅労働者（home worker）について、「ある者の営業のため、ある者の支配または管理（control or management）の下にない場所における労働の実施（execution）のためにその者と契約する個人」[21] と定義している。また、在宅労働者が「労働者」に相当するかの判断に際しては、自身で役務を提供するか否かを問わない[22] として、通常より広い定義により広範な適用を図っている。

　家内労働が、製品や販売・取引等の数量に応じて報酬額が決定される契約による場合、「出来高労働」（output work）として扱われ、働いた全ての時間に対する最低賃金額以上の報酬か、出来高に応じた「公正な賃率」（fair piece rate）を下限とする報酬が支払われなければならない。「公正な賃率」の算定にあたっては、まず委託者が同一の使用者のもとで働く平均的労働者の時間当たり業務量（製造数もしくは処理数）を計測する。これを 1.2 で割ったものを時間当たりの業務量の基準とし、最低賃金額をこの業務量で割ったものが、業務

---

[17]　各事案の詳細は、労働政策研究・研修機構（2004）（第 2 部第 2 章、小宮文人執筆）を参照のこと。

[18]　BEIS, HM Treasury, HMRC（2018）

[19]　フリーランスの支援団体 Ipse は、フリーランスを狭義と広義に分け、前者を専門職種（管理・上級職、専門職、準専門職）に従事する自営業者（従業員を雇用していない者）とする一方、後者については職種を問わず、自営業者のほかアンブレラ企業等の元で働く者（税制上の被用者）を含む、と定義している（Kitching（2016））。

[20]　2019 年 4 月に改定された最低賃金額は、25 歳以上向けが時間当たり 8.21 ポンド、21-24 歳向けが同 7.70 ポンド、18-20 歳向けが 6.15 ポンド、18 歳未満が 4.35 ポンド、アプレンティス向けが 3.90 ポンド。なお、地域や業種に基づく差別化は行われていない点に留意。

[21]　労働政策研究・研修機構（2004）。就業場所を自宅に限定していない。

[22]　特に物の加工等に関する在宅労働は、家族や友人数人によって行われることが典型であることによる（後述の James v Redcats（Brands）Ltd に関する雇用控訴審の判決文による）。

一単位当たりの公正な賃率となる[23]。

　ただし、家内労働者の支援団体等は、実際の適用状況は依然として不十分であると指摘している[24]。家内労働者は自らを自営業者と認識して必ずしも最低賃金の適用を委託者に求めないことも多く、また家内労働者側からの要求に対して委託者が請負契約を理由にこれを拒否したり、あるいは悪質な委託者が実態に即していない賃率を設定するケースもみられることが理由である。

　近年、在宅労働者が最低賃金の適用をめぐって争った事案として、James v Redcats (Brands) Ltd [2007] IRLR 296[25] がある。衣料等通信販売大手の Redcats 社に対して、配送サービスを請け負っていた女性が最低賃金違反の訴えを起こしたもので、一審の雇用審判所は労働者と認めず、在宅労働者にも当たらないとして原告の訴えを斥けたが、雇用控訴審判所はこの判断は誤りであるとして、雇用審判所に差し戻している[26]。

3．安全衛生対策

　安全衛生に関する法制度は、家内労働者に対する委託者の責任について必ずしも明確に規定していない。労働政策研究・研修機構（2004）によれば、1974 年職場安全衛生法は全ての事業者に対して、企業活動が雇用外の第三者に与える危険に関する管理責任を課しているとされ、また労働に用いられる材料や作業備品・機械などを共有・貸与する場合にも安全衛生に配慮する義務を負うことが規定されており、これらから、委託者が家内労働者の安全衛生に対して一定の責任を負い得ると解される。また O'hara et al. (2004) によれば、在宅労

---

[23]　'Minimum wage for different types of work' (https://www.gov.uk/minimum-wage-different-types-work/paid-per-task-or-piece-of-work-done)。制度導入当初の賃率の設定は、雇用主と在宅労働者の間での自主的な合意「fair estimate agreement」によることとされていた。雇用主が推定する平均的な単位当たりの労働時間を基本とするもので、平均的な労働者による労働時間の 5 分の 4 を下回ってはならないとの規定が設けられていた（作業の遅い在宅労働者がこの規定により仕事の機会を得られないことを防止するため）。しかし、支援組織が早くから制度の不備や悪用の横行を指摘しており、また最低賃金制度に関する諮問機関である低賃金委員会には、経営側からも改正を求める声があったという。このため、2004 年に法改正が行われ、同年 10 月から「fair piece rate」に基づく最賃額の設定が義務付けられたほか、翌年 4 月から 1.2 倍とすべきことが定められた。

[24]　例えば、Holden(2007)。

[25]　http://www.bailii.org/uk/cases/UKEAT/2007/0475_06_2102.html

[26]　原告と被告会社の間では、「Self-employed Courier Agreement」という文書が交わされ、これに基づいて配送・返品の回収業務が行われていた。文書には期間の定めはなく、また被告会社は原告に対して、提供する業務量の下限や、打ち切りに関して通告を行う義務も負っていなかった。また他の使用者の業務の請け負いや、原告以外の代替要員による実施は制限されておらず、原告は配送に自身の車両を使用していた。報酬は、原告に被告会社から送付された小包の数により決定されていた。
　雇用審判所は、原告と被告の間の取り決めは圧倒的に役務の提供に関する契約であったことを示しており、契約書においても原告は自営業者として言及されているとして、原告側の証拠はこれを覆すに至っていないと結論付けた。また、原告は最賃法における home worker に相当すると主張していたが、自宅での就業の事実は殆どなく（拠点としているにすぎない）、主張は誤りであるとした。これに対して、雇用控訴審判所は、最低賃金の適用をめぐって申し立てが行われた場合の反証責任は、法律上、事業者側にあり、また最低賃金法における home worker の定義は就業場所を自宅に限定していないとして、法律の適正な参照を怠った一審の雇用審判所を批判している。さらに、一審の判決が重視したとみられる、労働が行われていなかった間の「義務の相互性」の不在は、労働が行われていた間の労働者性の有無を判断する上で重要ではなく、契約関係の主要な目的が自身による役務の提供であったかどうかで判断されるべきであるとして、原告が自営業者として役務の提供を請け負っていたとした一審の判断を斥けている。

働者が委託者の管理・指示の下で就業する場合には、税・国民保険（National Insurance
－後述）制度上は自営業者として扱われている場合であっても、安全衛生上は被用者とみな
され、雇用主として責任を問われることがありうる。

　在宅労働者が被用者とみなされる場合、委託者には、在宅労働者の就業に関してリスク評
価を行う責任が発生しうる。すなわち、①就業における危険を特定し、②誰がどのように害
される可能性があるかを決定、③リスクを評価し対策を決定、④明らかになったことを記録
の上、実施し、⑤アセスメントの結果を見直し、必要に応じて改定する――といったプロセ
スを経ることが求められる[27]。ただし、5 人未満規模の事業者には記録の義務はない。また見
直しに関して、期間の定めはない。

　なお、適用の可能性は業務内容にもよる。雇用年金相の諮問を受けて、専門家が 2011 年
にまとめた報告書（Lofstedt Report）[28] は、安全衛生に関する制度改革の一環として、他者
に危険を及ぼす潜在的なリスクが低い自営業者ならびに在宅労働者に対して、安全衛生法に
基づく配慮義務（リスクアセスメント等）を免除することを提言し、雇用年金相はこれを受
け入れた[29]。法律で規定された対象業務[30]のほか、他者に危険を及ぼす可能性のある業務に対
象を限定、これに該当しない自営業者は、低リスクとして安全衛生法の適用対象外とされる。
安全衛生庁ウェブサイト[31] は、適用の有無に関するガイダンスを提供しているが、これによ
れば、例えば衣服の仕立て直しや室内装飾を作成する自営業の裁縫師（dressmaker）は、
適用対象外となる。また、自営業者の理容師のうち、脱色剤や類似の薬剤を使用する業務の
場合は安全衛生の配慮義務が生じるが、洗髪と理髪のみであれば適用対象外となる。

4．行政機構（所管省庁、監督機関と監督手法、紛争の際の解決手段）

　家内労働者を含む就業者に適用され得る雇用法は、ビジネス・エネルギー・産業戦略省に
よって所管されているが、家内労働を所管する公的組織や、単一の労働基準監督機関等は設
置されていない。

　全国最低賃金制度については、同省の委任を受けた歳入関税庁（HM Revenue and
Customs：HMRC）が執行機関となり、事業者からの税・社会保険料等の徴収と併せて最
低賃金の履行確保をはかる。一方、安全衛生に関する執行機関としては、安全衛生庁が設置
されているほか、事務所（オフィス）や店舗、ホテル、レストランなど低リスクとみなされ
る業種における安全衛生の監督は、自治体が担うこととされている。

　いずれの機関も、監督官は事業所への立ち入り検査の権限を有するが、家内労働に関する

---

[27]　HSE ウェブサイトによる（http://www.hse.gov.uk/risk/faq.htm#q1）。
[28]　Löfstedt (2011)
[29]　Department for Work and Pensions (2011)
[30]　Health and Safety at Work etc. Act 1974 (General Duties of Self-Employed Persons) (Prescribed
　　Undertakings) Regulations 2015 による。同規則の付則は、対象分野として、農業、アスベストを扱う業務、
　　建設業、ガス業、遺伝子組み換え生物、鉄道の 5 つを挙げている。
[31]　'Does the law apply to me?' (http://www.hse.gov.uk/self-employed/does-law-apply-to-me.htm)

－ 49 －

検査の実施状況ついては不明である。例えば、最低賃金制度の諮問機関 Low Pay Commission の報告書は、家内労働や歩合制の適用をめぐる違反が横行している可能性に繰り返し言及しており、制度に関する明確なガイダンスのほか、HMRC に対して家内労働を検査の対象とするよう要請している[32]。

また既にみたとおり、家内労働者が、雇用法上の権利を求めて委託者と争う場合、雇用審判所への申し立てにより法的救済を受けることができる。

5．労災保険制度

仕事上の事故等を理由とするケガや病気[33]により休業が必要となった場合、雇用され給与が支払われていた（employed earner）[34]か、または就労支援のための訓練コースに参加していたことを要件として、労働災害障害給付（Industrial Injuries Disablement Benefit）が適用される。国民保険への拠出の有無や期間等は要件とされていないが、自営業者については受給することができない。ただし、契約上は自営業者であっても、人材ビジネス事業者を通じて派遣されており、国民保険の被用者向け被保険者として保険料を支払っている者等は、支給対象となる。

支給額は、障害の度合いを判定のうえ決定される。判定結果は、100％を上限としてパーセンテージにより表現され、100％の場合の支給額（2018 年度で週あたり 174.80 ポンド）から、20％を下限に 10％刻みで金額が調整される[35]。家内労働者が被用者と認められる場合には、給付が適用され得ると考えられる。

また、事業者が労働者を雇用している場合、被用者の傷病等に対して適用される賠償責任保険（liability insurance）を雇用主が提供することが義務付けられている。適用対象は「被用者」に限定されているものの、HSE のガイダンス[36]は、契約上、あるいは税の支払いにおける区分は重要ではなく、あくまで実態に応じて判断するとしている[37]。上記の給付制度と同様、家内労働者が被用者とみなされれば、仕事上で生じた病気やケガに対して、保険の適用を受けることができる可能性がある。

---

[32] Low Pay Commission (2013)

[33] 制度が適用される疾患として、喘息や慢性的気管支炎など 70 種超を定めている。

[34] 同制度のガイダンス（https://www.gov.uk/industrial-injuries-disablement-benefit）は、employed earner について「a person who is gainfully employed in Great Britain either under a contract of service or is an office holder (for example, a company director).」と定義している。

[35] 労災障害給付を受給するためには、通常、14％以上の判定を受ける必要がある（Gov.uk）。

[36] Health and Safety Executive (2012) "Employers' Liability (Compulsory Insurance) Act 1969 A brief guide for employers"

[37] 被用者であるかどうかを判断する点としてガイダンスが挙げている内容は、税務当局とほぼ同様で、委託者による管理・指示や、本人による役務の提供が必要か、など。なお、家族従業員や被用者が所有者本人のみの企業の場合等は、適用が免除される。

６．その他委託者及び家内労働者に対する規制（税、社会保障の適用）

　税制上の区分は、自営業者と被用者の二種に限定され、所得税および社会保険料の徴収において扱いが異なる。徴収業務を所管する歳入関税庁（HM Revenue and Customs）が、雇用法と類似の基準に基づいて個別に判断する[38]。

　包括的な社会保険制度である国民保険は、被用者と自営業者で異なる保険料の料率が適用され、また被用者については同等の拠出が使用者にも課される（図表 3-3）。被用者（第 1 種の被保険者）は、拠出期間等の要件を満たす限り、全ての拠出制の給付が支給可能である（図表 3-4）。一方、自営業者（第 2 種）については、拠出制求職者手当、追加的公的年金の受給資格はない[39]。

図表 3-3　国民保険の料率等（2018 年度）

第 1 種（被用者）	週当たり所得額	料率	第 2 種・第 4 種（自営業者）	年間利益額	保険料・料率
下限所得（Lower Earnings Limit） 　国民保険への加入の下限額、保険料は免除	£116	0%	第 2 種保険料納付下限額（Small Profits Threshold）	£6,205	週£2.95
被保険者適用賦課基準額（Primary Threshold） 　被保険者の拠出が発生する下限額	£162	12%	第 4 種保険料納付下限額（Lower Profits Limit）	£8,424	9%
事業主適用賦課基準額（Secondary Threshold） 　被保険者の拠出が発生する下限額	£162	13.80%	上限額 （Upper Profits Limit）	£46,350	これを超える報酬について、2%
報酬上限額（Upper Earnings Limit） 　被保険者に低料率が適用される上限額（これを超える所得は、異なる料率を適用）、また事業主は 21 歳未満の従業員について、これを超える報酬にのみ保険料を拠出（Upper Secondary Threshold）	£892	これを超える報酬について、2%	第 3 種（任意） 保険料（定額）		週£14.65

出所：Gov.uk 'Rates and allowances: National Insurance contributions'
(https://www.gov.uk/government/publications/rates-and-allowances-national-insurance-contributions/rates-and-allowances-national-insurance-contributions)

図表 3-4　国民保険の被保険者の区分と主な給付制度の適用

給付	第 1 種（被用者）	第 2 種（自営業者）	第 3 種（任意）
基礎年金（Basic State Pension）	○	○	○
追加的年金（Additional State Pension）	○	×	×
新公的年金（New State Pension）	○	○	○
3 月 4 日	○	×	×
拠出制雇用・生活補助手当（Contribution-based Employment and Support Allowance）	○	○	×
出産手当（Maternity Allowance）	○	○	×
遺族補助給付（Bereavement Support Payment）	○	○	×

出所：Gov.uk 'National Insurance - What National Insurance is for' (https://www.gov.uk/national-insurance/what-national-insurance-is-for)

---

[38] HMRC は、自己診断用のツールを提供している（'Check employment status for tax'（https://www.tax.service.gov.uk/check-employment-status-for-tax/setup））。また、政府のガイダンスウェブサイトで公表している職員向けガイダンスは、一連の判断基準についてさらに詳細に説明している。（https://www.gov.uk/hmrc-internal-manuals/employment-status-manual/esm0500）

[39] このほか、自主的な加入者（第 3 種）は、基礎年金（新公的年金を含む）および遺族向け給付のみ受給可能（第 4 種の拠出は給付資格に関連しない）。なお、自営業者向けの制度の簡素化と、拠出制給付へのアクセスを改善することを目的に、第 2 種については 2019 年に廃止が予定されていたが、2018 年に撤回された。

- 51 -

また、自営業者を偽装することによる税・社会保険料拠出の回避の防止策として、被用者に類似した働き方かどうかを判定する制度（通称IR35）が2000年に導入されている。就業者が自ら設立した法人や仲介業者（例えば人材ビジネス事業者など）を介して役務の提供を行う際に、報酬の支払い方法以外では実質的に顧客の被用者のように就業していると判断される場合には、当該の契約に関して受け取った報酬から限られた経費等を差し引いた部分に対して、所得税と国民保険料（第1種）の支払いが課される[40]。

第2節　家内労働の状況

1．在宅労働者数

　家内労働者や委託者に関する統計データはない。このため、家内労働者を含むと考えられる在宅就業者について、統計局の提供する2014年時点のデータから、おおよその状況をみることとする（図表3-5）。

　まず、在宅労働者は全体で420万人、うち150万人が主に自宅及び敷地内で就業する在宅労働者で、また270万人が自宅を拠点として自宅以外で就労する在宅労働者である。全体では6割強を男性が占める一方、主に自宅で就業する在宅労働者では女性比率が高い。また、全体の6割強が自営業者で、この傾向は主に自宅で就業する層と、自宅を拠点とする層の双方で共通している。業種別には、銀行・金融・不動産・事務補助サービス業のほか、自宅を拠点とする層では建設業が相対的に多くを占める。製造業従事者の占める比率は6%強である。また職業別には、主に自宅で就業する層では管理・上級職や専門職の比率が、また自宅を拠点とする層では熟練工や準専門職・技術職の比率が高い。

---

[40]　歳入関税庁ウェブサイトによる（http://www.hmrc.gov.uk/ir35/）。

第3章 イギリス

図表 3-5 在宅労働者の性、従業上の地位、業種別、職種別比率（2014年、%）

	在宅就業者			非在宅就業者	就業者計
	計	主に自宅で就業	自宅を拠点に自宅以外で就業		
男性	64.4	46.9	74.2	51.7	53.5
女性	35.6	53.1	25.8	48.3	46.5
従業上の地位					
被用者	34.4	34.2	34.5	92.6	84.5
自営業者	63.5	61.1	64.8	7.2	15.1
家族労働者	2.1	4.7	0.7	0.1	0.4
業種別					
農林漁業	5.5	12.2	1.7	0.6	1.3
エネルギー・水供給業	1.2	1.0	1.4	1.8	1.7
製造業	6.5	6.8	6.3	10.3	9.8
建設業	18.7	5.4	26.0	5.6	7.4
流通業・ホテル・レストラン業	8.9	13.8	6.2	20.3	18.7
運輸通信業	10.2	11.4	9.6	8.5	8.8
銀行・金融・不動産・事務補助サービス業	25.2	25.7	24.9	15.6	16.9
公務・教育・保健業	14.5	15.4	14.1	32.3	29.8
その他サービス業	9.3	8.3	9.9	5.0	5.6
職種別					
管理・上級職	14.8	20.8	11.4	9.6	10.4
専門職	16.6	19.0	15.3	20.4	19.9
準専門職・技術職	18.5	17.9	18.9	13.1	13.9
事務・秘書	6.6	13.8	2.5	11.5	10.8
熟練工	23.5	13.7	29.0	8.7	10.8
対人サービス	7.0	8.3	6.2	9.5	9.2
販売・顧客サービス	2.2	2.0	2.3	8.8	7.9
加工・工場労務・機械操作	4.8	1.0	6.9	6.5	6.3
非熟練	6.1	3.5	7.6	11.7	11.0
計（1000人）	4,202	1,507	2,695	25,950	30,153

出所：Office for National Statistics (2014) "Characteristics of Home Workers, 2014"

　各層の傾向の違いには、男女別に従事する職業の傾向の違いが影響しているとみられる（図表 3-6）。主に自宅で就業する層について、男女別の上位職種をみると、男性では農場主や資産・住宅・不動産管理、プログラマー、ソフトウェア開発などの従事者が多くを占めるのに対して、女性では、保育関連職、その他事務、簿記・給与管理・賃金事務などの従事者が多い[41]。

図表 3-6 主に自宅で就業する在宅労働者の従事する上位5職種

男性	女性
農場主	保育関連職
資産、住宅、不動産管理	その他事務（他に分類できないもの）
プログラマー、ソフトウェア開発専門職	簿記・給与管理・賃金事務
販売・経営マネージャー	秘書
その他サービスの管理者・所有者（他に分類できないもの）	資産・住宅・不動産管理

出所：同上

　在宅労働者のデータから、家内労働に関する状況をうかがうことは難しいものの、上記で見たとおり、製造業従事者の比率が6%と相対的に小さいことからも、物品の製造・加工に

---

[41] なお、在宅労働者のうち自営業者に関する上位職種は、農場主や建設・建物業、大工・指物師、庭師・造園士など、男性が多く従事する職種が占める。

関する従来型の家内労働の規模は、限定的であると推測される[42]。

なお、代表的な家内労働の業種である繊維業では、就業者数が 2001 年から 2011 年の間に 24 万人から 10 万人弱に急激に減少している[43]。これに対応する家内労働の従事者数は得られないが、景気変動の影響により仕事量の大幅な減少があったことが類推される。

2. 家内労働に関する議論、動向

(1) 家内労働に関する議論

在宅労働者の支援組織 National Groupe on Homeworking（NGH）[44] が 2007 年に公表した報告書[45] は、国内の在宅労働者に関する広範な事例調査をまとめている。調査対象は、縫製や包装・印刷加工、配送業などの在宅労働者が多くを占める。アンケート回答者のほぼ半数が、在宅労働の理由として家族の看護等の家庭責任を挙げている（うち 3 分の 2 が育児）。また、縫製の仕事ではアジア系移民の比率が高いとみられるものの、回答者全体では約 8 割が白人のイギリス人であった。

回答者のほぼ半数（48%）が、法的権利（休暇手当、傷病手当、育児休暇・手当、解雇手当、企業年金への加入、整理解雇手当・保護など）を保障されておらず、最も権利が保障されている比率の高かった休暇手当でも全体の 4 割弱に留まった。多くの在宅労働者が自らの従業上の地位について、委託者の説明とは異なると考えているが、判定基準の曖昧さから、自らの法的権利について誤解または明確に理解していないこと、また権利について知っていても、委託者に対する立場の弱さからこれを要求しにくいとしている。

法的区分が争われる場合には雇用審判所によることとなるが、結果を予想することも難しく、さらには仕事を失う可能性を懸念して、委託者の提訴を控える傾向が強い。

さらに、全体の 7 割弱が出来高払いにより報酬を支払われており、時給換算による報酬額は平均 4.41 ポンドと低い（最低額は時間当たり 1 ポンド）。一方で、時間あるいは月当たり、さらに委託料として報酬を支払われている労働者も含まれ、それぞれ時間換算した場合の平均報酬額は 5.79 ポンド、12.84 ポンド、13.03 ポンドといずれも出来高払いの労働者よりも高い。

報告書は、在宅労働者が直面する仕事の不安定さ、低賃金、雇用上の権利が限定的である

---

[42] HSE (2002) は、家内労働に近い内容の就業者数に関する既存の推計として、1981 年時点で 6 万人弱との結果を引用している（在宅労働者のうち、製造業における従事者）。また、複数の論文が、エスニック・マイノリティが半数を占めるとする推計結果を示しているが、これについては実際の比率より高く推計している可能性が指摘されている（データサンプルが都市部に偏っていること、製造業ではマイノリティ就業者の比率が高いこと、などが理由）。

[43] Carley (2013)

[44] 国内の在宅労働者の支援や支援組織間の連携を担っていた組織で、上述の James v Redcats Ltd. においても原告を裁判期間を通じて支援したとされるが、財政難を理由に 2008 年に閉鎖している。このほか、2000 年代には自治体や支援機関が相次いで閉鎖またはサービスを廃止している（労働政策研究・研修機構 (2013)）。

[45] Holden (2007)。NGH のヘルプラインに相談した在宅労働者のほか、支援組織や雇用主の紹介等により、67 名にアンケート調査を実施、うち 26 名に対してさらに聞き取り調査をしている。

ことなどの問題をめぐって、政府や使用者、労働組合に対応を求めている。このうち政府に対しては、在宅労働者に明確な雇用上の権利を認めることや、最低賃金等の順守の徹底、在宅労働者が必要とする情報へのアクセスの向上、加えて ILO 条約 177 号（在宅形態の労働に関する条約）の批准を要請している。また委託者には、在宅労働者とのコミュニケーションの向上、サプライ・チェーンと共同で在宅労働者向けの仕事の不定期性を改善すること、好事例にならった在宅労働者の雇用を、労働組合に対しては、革新的なキャンペーンを通じた在宅労働者の支援を求めている。

　また、Holden(2011) は、在宅労働者の不安定な就業が社会保障給付に対する権利にも影響を及ぼしている点を指摘、収入の不安定さを緩和するために給付が果たしている役割は大きいとして、一時的に増加する収入や労働時間の影響で給付の減額や停止を被らずにすむよう、在宅労働者向けに制度の緩和措置を設けることなどを提案している。これには、国民保険の拠出義務が生じる所得額の下限を通常より高く設定すること、一定以上の就労により受給資格を停止する基準に労働時間ではなく実収入を用いること、看護責任を考慮しない支給条件の導入を控えること、などを含む。また、育児が理由で在宅労働以外の選択肢を取りにくい層に対しては、無料の託児サービスの拡充により、在宅労働から通常の就業への移行を可能とするよう併せて提言している。

（2）雇用類似の働き方に関する状況

　一方で、情報技術の進展に伴い、デジタル・プラットフォームを通じた就労、いわゆるギグ・エコノミーの従事者が近年拡大しているとされる。従事者の正確な規模は不明だが、例えばシンクタンク CIPD は、就業者全体の 4%、およそ 130 万人と推計している[46][47]。相対的に若い世代で従事者の比率が高く、また本業として従事している者は全体の 4 分の 1 に留まる。

　また、より最近の調査に基づくビジネス・エネルギー・産業戦略省の報告書[48]は、過去 12 カ月にギグ・エコノミーに従事にした者について、18 歳以上人口の 4.4%、およそ 280 万人と推計している。やはり相対的に若い層（18 ～ 34 歳層）が過半数（56%）を占め[49]、また全体の 53% は、初めてこうした仕事に従事してから 1 年以内（うち 38% は 6 カ月以内）と比較的日が浅い[50]。従事したことのある業務のうち多くを占めるのは、荷物の配送（過去 12 カ月間で 42% が従事）で、これにクラウドワーク（プラットオフォームを通じた仕事の

---

[46] CIPD（2017）。後述の専門家レビュー（Taylor Review）へのエビデンスの提供を目的としたもの。

[47] 18 ～ 70 歳の 5000 人余りを対象に調査を実施、ギグ・エコノミー従事者 417 人及びそれ以外の労働者 2,292 人からの回答を分析。なお、従事者の定義は、過去 12 カ月の間にオンラインのプラットフォームを通じて次の活動に携わった者。すなわち、①自らの所有する車両を用いた乗客輸送サービス、②自らの所有する車両の貸出し、③食品・財の配送、④短期の仕事の請負、⑤その他の仕事――。なお、調査目的に照らして、プラットフォームを通じた物の売買や、部屋の貸出しは除外されている。

[48] Lepanjuuri et al. (2018)

[49] 就業者全体に占める 18 ～ 34 歳層の比率（29%）を大きく上回る。

[50] ほか、9% が 1 年超～ 2 年、14% が 2 年超、24% は「不明・憶えていない」と回答。

請負、同37%)、車による旅客輸送 (28%)、料理の配達 (21%) などが続く。

ギグ・エコノミーが主な収入源であると回答する層は全体の8%にとどまる[51]。また、過去12カ月の収入額の中央値は375ポンドと低いが、一部の従事者は相対的に高い収入を得ているとみられる (14%が1万ポンド以上と回答)[52]。従事者の25%は、時間当たりの収入額が最低賃金 (2018年3月時点で時間当たり7.50ポンド) を下回る状況にあり、特にクラウドワーク従事者 (45%) でこの傾向が顕著である (図表3-7)。

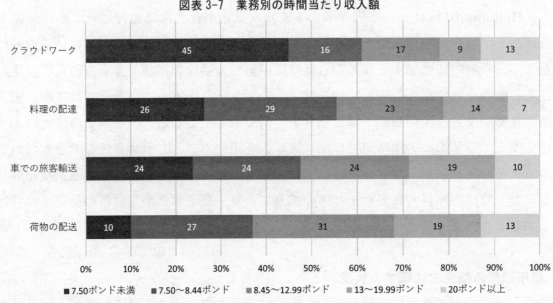

図表3-7 業務別の時間当たり収入額

出所: Broughton et al. (2018)

従事者全体の53%がこうした仕事に満足していると回答しており、独立性や柔軟性が満足度に影響しているとみられる[53]。一方で、収入額や、仕事を通じた手当に不満を感じているとする層もそれぞれ25%にのぼり、また23%は、キャリアの発展性や訓練機会の不足について不満であるとしている。なお、今後12カ月について、こうした仕事を継続するか否かとの問いには、41%が続ける、39%は続けないと回答している。

併せて公表された個人調査の報告書[54]によれば、主な収入源としてギグ・エコノミーに従事している労働者は、労働時間や収入の不安定さや、仕事が直前にならないとわからない状況、雇用法上の権利の不足からくる影響を受けやすいとされる。こうした従事者は、収入を得る必要から、仕事を受けるか否かを選ぶことができていない可能性がある、と報告書は指摘している。

ただし、多くの従事者は、ギグ・エコノミーの高い柔軟性を評価しており、結果として仕事の保障の低さや雇用法上の権利の弱さと引き換えになることは公正だと感じている、と回

---

[51] 32%がギグ・エコノミーからの収入について、定期的な仕事による収入を補完するものと回答している。
[52] 結果として、平均の年間収入額は5,634ポンドとなっており、中央値とは大きな開きがある。
[53] 独立性に満足しているとの回答が58%、柔軟性への満足が56%。
[54] Broughton et al. (2018)

答している。これには、従事者の多くが一時的にのみこうした仕事に従事していることが影響していると考えられる。一部の者は、明確なプランはなくとも、先々には他の仕事などに移行することを想定している。

（3）制度改正に関する議論

ギグ・エコノミー従事者をめぐっては、仕事の不安定さや収入の低さが問題視されている。従事者は通常、使用者によって契約上は自営業者として扱われ、このため雇用法が規定する有給休暇や労働時間、最低賃金の適用など、被用者や労働者に保障される権利の適用外とされている。しかし、実態は従属的な労働者であることも多いとみられており、本来適用されるべき法的な権利を求めて、従事者が事業者を提訴するケースが相次いでいる。その大半で、業務遂行における使用者の管理の度合いの高さや、業務遂行の方法、料金／報酬体系に関する従事者の自律性が乏しいこと、あるいは代替要員の使用が困難であることなどを理由に、原告側の主張が認められている[55]。

こうした状況を背景に、政府は 2016 年、近年の新しい働き方[56]の普及に伴う雇用の不安定さや労働者としての権利の問題をめぐって、シンクタンク RSA のマシュー・テイラー所長[57]に課題や対応策に関する検討を依頼した。同氏のとりまとめにより、2017 年 7 月に公表された報告書「良質な仕事」（Good Work）[58]は、多岐にわたる提案を行っているが、その柱は、雇用法上の権利の明確化である。ギグ・エコノミーなどの新しい働き方が従事者と使用者の双方にもたらす柔軟性の利益を強調しつつ、柔軟性に伴うリスク（仕事や収入の不安定さ）を従事者側が一方的に引き受ける状況は公正さを欠いているとして、制度改正による対応の必要性を主張している。このための具体的な方法として、報告書は現在の三区分（被用者、労働者および自営業者）を維持しつつ、労働者を被用者と自営業者の中間に明確に位置付ける方策として、法律上の「労働者」を「従属的契約就業者」（dependent contractor）に変更することを提案している[59]。これに該当するための基準要件を立法やガイダンスにより示し、自営業者との区別を明確化することで、労働者自身（あるいは使用者）に自らの法的な位置づけが容易に判断可能とするよう提言している。その際、労働者と自営業者を区別

---

[55] 例えば、配車サービスのアプリケーションを提供するウーバー社のドライバーが、同社を提訴した事案では、雇用審判所はドライバーを労働者と認め、最低賃金や有給休暇などの法的権利を保証すべきとの判断を示している。雇用控訴審判所、控訴院もこの判断を支持、ウーバー社は現在、最高裁判所への上訴を申請しているとされる。
このほか、荷物の配送サービスの従事者による複数の申し立てでも、同種の判断が示されている。

[56] 政府の依頼内容には、プラットフォームを通じた就労のほか、派遣労働や待機労働契約（zero hours contract）などを含む。

[57] テイラー氏は、労働党政権時代の 2005 年、当時のブレア首相の政策チームを率いていた。レビューのメンバーは、同氏のほか、ギャングマスター・労働搾取監督局（Gangmasters and Labour Abuse Authority）局長のポール・ブロードベント氏、民泊サービス企業の創業者で起業家のグレッグ・マーシュ氏、法律事務所 Pinsent Masons パートナーのダイアン・ニコル氏。

[58] Taylor (2017)

[59] 従来の「労働者」とは異なり、被用者を含まない区分とするもの。

する基準として従来重視されてきた、代替要員による役務提供を契約上認めているか否かよりも、使用者による管理（報酬額や、業務に関わる指揮命令など）の度合いを重視するよう求めている。実態として使用者の管理を受けているにもかかわらず、契約上、代替要員による役務の提供を認めることで、労働者としての権利が妨げられるケースへの対応を求めることが意図されている。

　基準に基づいて、従属的契約就業者に該当すると認められた者には、労働者相当とみなして傷病手当や休暇手当に関する権利を与えるべきであるとする一方で、最低賃金の自動的な適用については、報告書は慎重な立場を取る。多くが従属的契約就業者に相当するとみられるシェアリングエコノミー従事者は、働く時間や提供された仕事を受けるか否かを選択することができることから、例えば閑散期であることを知りつつ仕事をする場合や、時間当たりの成果が平均を下回る場合などについては、労働時間に基づく最低賃金の適用は適切ではない、との考え方による[60]。このため、当該の業務における平均的な報酬が最低賃金の 1.2 倍以上となることを使用者が示すことができれば、現行の最低賃金制度における出来高払い（piece rate）を適用することを提言している。併せて、プラットフォーム事業者に対して、蓄積されたデータに基づき、時間ごとの業務量の状況をリアルタイムで従事者に提供することを義務付ける可能性の検討を政府に提案している。

　テイラー報告書を受けて議会に設置された検討会[61]は、関係者からのエビデンスなどを検証の上、2017 年にまとめた報告書[62]で、雇用法上の区分の明確化に関するテイラー氏の提言を法改正案の形にまとめている。従来の被用者と労働者に関する法律上の定義をより詳細にするとともに、このいずれにも該当しない者を、従来の自営業者に替えて「独立請負事業者」（an independent contractor）として位置付け、法的区分に関する申し立てに際して裁判所が参照し得る判断基準を法律に盛り込むことを提案している。

　このうち、被用者・労働者に関しては、考慮しうる要素として概ね以下の内容を挙げている。

(a) 契約が自ら役務の提供を行うことを義務付けているか

(b) 契約の相手方が、役務の実施に関わる以下の各要素について、相当の度合いの管理を行い得るか：

　　i) 懲戒、ii) 業務（activities）の内容、iii) 業務遂行の順序、iv) 業務遂行のために使用する装備・製品、v) 報酬額（賃率）、vi) 業務遂行の場所、vii) 業務遂行の方法、viii) 仕

---

[60] シェアリングエコノミー従事者がプラットフォームにアクセスした時間全てを労働時間とみなせば、仕事がないとわかっている時間帯にアクセスするだけで、賃金が発生するといった悪用を招きかねない、と報告書は述べている。

[61] 'Taylor Review of modern working practices inquiry' (https://www.parliament.uk/business/committees/committees-a-z/commons-select/work-and-pensions-committee/inquiries/parliament-2017/inquiry1/)。議会の雇用年金委員会とビジネス・産業戦略・技能委員会が合同で設置したもの。雇用年金委は、従来からギグ・エコノミー従事者の権利保護に関する検討を行っていた。

[62] Work and Pensions and Business, Energy and Industrial Strategy Committees (2017)

事を行う時間帯

(c) 契約の相手方の事業の一部として業務を遂行するか

(d) 契約相手方が道具や装備を提供するか

(e) 事業の成功・失敗に係る金銭的リスクを負う度合い

(f) 他の依頼者に対して役務を提供することが禁止されているか

労働者については、上記の (b) ～ (f) に加えて、①契約に先立って、自らの事業の販売 (marketing) を行っていたか、②代替者による役務提供を認める契約上の条項は、実際上も自由に行うことができるか、も考慮しうるとされる。

一方、被用者と労働者のいずれにも当てはまらない者は、独立請負事業者とされる。基本的には従来の自営業者に相当するが、現行法では自営業者に関する明確な定義が行われていないのに対して、法改正案は、独立請負事業者に当たるか否かを判断する上で考慮すべき要素として、およそ以下の諸項目を挙げている。

(a) 事業の成功・失敗の責任を自身が負うか

(b) 自身の費用負担により他の者を雇うことができるか

(c) サービスの実施の仕方について自らが決定することができるか

(d) 自らの事業を積極的に販売しているか

(e) サービスの価格を交渉して設定することができるか

(f) 自らの損害賠償保険に責任を負うか

また、一定規模以上の自営業者を利用する企業に対しては、そうした自営業者から法的区分に関する申し立てが行われた際に、「労働者とみなすことを基本とし」(worker by default)、企業側に自営業者として扱うことの妥当性を証明する責任を科すことを併せて提言している。

政府は 2018 年、テイラー報告書の提言に対応した「良質な仕事プラン」(Good Work Plan) [63] を公表しており、多岐にわたる同報告書の提言について、何らかの対応方針を示しているが、法的区分の明確化をめぐっては、引き続き法改正に向けて検討を行うと述べるにとどめている [64]。

おわりに

在宅労働は、収入を得る手段が限られている女性に、就業機会を提供する働き方ではあるものの、家事責任などの制約による消極的な選択であることも多いとされ [65]、また調査から

---

[63] Department for Business, Energy and Industrial Strategy (2018)

[64] これに先立って示された、議会検討会の報告書に対する回答文書 (House of Commons Work and Pensions and Business, Energy and Industrial Strategy Committees (2018)) でも、法改正案を含む法的区分の明確化については、必要性は認めつつも慎重な姿勢を示している。また関連して、法的区分をめぐる申し立てに際して「労働者とみなすことを基本とする」制度改正については、法的区分や権利の明確化により対応可能と考えており、もし問題が生じる場合は、審判サービスにおける挙証責任について改めて検討する、と回答している。

[65] 同上

は、多くの在宅労働者が法的権利を保障されていない状況が看取される。法的保護をめぐっては、委託者に対する立場の弱さと並んで、法的区分に関する曖昧さが大きな障壁となっていることが窺える。

　現在途上にある法制度改革の議論は、この曖昧さをどのように排除するかが重要な柱となっている。判断基準を明確にすることで、従事者及びこれを使用する事業者の双方が、保障されるべき法的権利を理解し、行使することが目指されている。専門家による提言を受けて、議会の検討会が法改正案で示した各種の項目は、これに具体的な形を与える試みといえる。

【参考文献】

Broughton, A., R. Gloster, R. Marvell, M. Green, J. Langley and A.Martin (2018) "The experiences of individuals in the gig economy" Department for Business, Energy and Industrial Strategy

CIPD (2017) "To gig or not to gig? Stories from modern economy"

Carley, M. (2013) "UK: The representativeness of trade unions and employer associations in the textile and clothing sector" (https://www.eurofound.europa.eu/publications/report/2013/uk-the-representativeness-of-trade-unions-and-employer-associations-in-the-textile-and-clothing)

Carved AirDeakin, S. and F. Green (2009) "A Century of Minimum Wages in Britain"

Department for Business, Energy and Industrial Strategy, HM Treasury, HMRC (2018) "Employment Status Consultation"

Department for Business, Energy and Industrial Strategy (2018) "Good Work Plan"

Department for Work and Pensions (2011) "The Government response to the Löfstedt Report"

Holden, N. (2007) "Subject to Status - An investigation into the working lives of homeworkers in the UK", National Group on Homeworking
　　　(2011) "Homeworkers Here and Now" Homeworkers Worldwide

House of Commons Work and Pensions and Business, Energy and Industrial Strategy Committees (2017) "A framework for modern employment"

House of Commons Work and Pensions and Business, Energy and Industrial Strategy Committees (2018) "A framework for modern employment: Government response to the Second Report of the Work and Pensions Committee and First Report of the Business, Energy and Industrial Strategy Committee of Session 2017–19"

Kitching, J. (2016) "Exploring the UK Freelance Workforce in 2015"

Lepanjuuri, K., R. Wishart and P. Cornick (2018) "The Characteristics of those in the Gig Economy – Final report" Department for Business, Energy and Industrial Strategy

Löfstedt, R. E. (2011) "Reclaiming health and safety for all: An independent review of health and safety regulation" Department for Work and Pensions

Low Pay Commission (2013) "National Minimum Wage - Low Pay Commission Report 2013"

O'Hara, R., J. Williamson, A. Collins, D. Higginson (2004) "Health and safety of homeworkers: Good practice case studies", Health and Safety Executive

Pennington, S. and B. Westover (1987) "A Hidden Workforce - Homeworkers in England, 1850-1985"

Taylor, M. (2017) "Good Work：the Taylor review of modern working practices", Department for Business, Energy and Industrial Strategy

US Department of Labor Bureau of Labor Statistics (1919) "Industrial Health and Efficiency"

労働政策研究・研修機構（2004）『欧米における在宅ワークの実態と日本への示唆－アメリカ、イギリス、ドイツの実態から』資料シリーズ No. 5

労働政策研究・研修機構（2013）『諸外国における在宅形態の就業に関する調査』資料シリーズ No. 117

第4章　アメリカ

はじめに

アメリカで家庭を職場とする労働（在宅就労（home based work）は、家、アパート、住宅施設の一室で製造を担う「製造労働（Industrial Homework）もしくは、内職業（piecework）」、「電話やインターネット回線を活用した在宅就労と家政婦や子守り」、「介護等の家事労働（Domestic Work）」の三つがある。このうち、「製造労働（Industrial Work）もしくは、内職業（piecework）」とは、認可を受けた雇用主から資材を提供されて製品を製造し、雇用主に雇用されていることを指す。これがアメリカにおける家内労働であり、規制の対象となっている。

19世紀半ばから20世紀初頭にかけて、アメリカにおける家内労働は、女性および児童労働における低賃金、長時間労働の温床となっていることが報告され、1920年代になると社会問題化していた[1]。この状況を受けて、ニューディール期の The Walsh–Healey Public Contracts Act of 1936（41 USC §§ 6501-6511）において、政府との公契約における家内労働が禁止された。ついで、最低賃金等を定めた公正労働基準法（The Fair Labor Standards Act of 1938）が1938年に制定され、その運用規則である1943年連邦規則集（CFR;the Code of Federal Regulations）29 C.F.R. Part605 から Part633 においても、家内労働（Industrial Homework）は原則的に禁止とする一方、年齢・身体・精神的な障害や介護等の事由がある者のみを対象とする許可制となった。

アメリカにおいては、家内労働が雇用か請負かという議論ではなく、特別な事情がない限り、雇用と請負の別なく、ニューディール期に家内労働が原則的に禁止されてきた[2]。このことは、従属的な在宅就業が社会問題化した1920年代当時、工場労働においてさえ、雇用と請負が未分化であり、科学的管理法の普及やニューディール政策による各種法制化により、請負が雇用へと切り替えられていったという背景があり、在宅就業においても同様に雇用、請負は未分化であった。州法によっては雇用であるか、請負であるかの別なく家内労働を規制しているところもある。C.F.R. は、特例として認める家内労働の業種を雇用の範囲で七つに限定しているが、これは家内労働の大半がこの業種に集中していたからであり、これらの業種においても特例以外は原則的に禁止するとともに、雇用と請負が未分化であった状態

---

[1] 連邦労働省労働統計局発行の Monthly Labor Review Vol.58, No.6(June 1944)Development and Control of Industrial Homework は19世紀および20世紀初頭の在宅就業者の劣悪な労働環境を記している。

[2] 連邦労働省はウェブページ Fact Sheet #24: Homeworkers Under the Fair Labor Standards Act (FLSA)(https://www.dol.gov/whd/regs/compliance/whdfs24.htm) において、典型的な問題として、家内労働を不適切な方法で独立請負 (independent contractor) として扱うことを挙げており、家内労働を雇用の範疇で扱うものであるとしている。

- 61 -

諸外国における家内労働制度―ドイツ、フランス、イギリス、アメリカ―

を雇用に整理して、特例として雇用の範囲で認めることとしたのである[3]。つまり、アメリカ
で 1920 年代から 30 年代にかけて在宅で従属的に就業する女性と子供を中心とした労働者
の劣悪な労働環境が社会問題化し、その解決のために当時の従属的な在宅就業において大半
を占めていた七つの家内労働を取り上げて規制したのである[4]。このことから、限定された業
種以外は規制がなかったということではなく、従属的な在宅就業は、七業種の家内労働が代
表しており、そこへの規制がすなわち従属的な在宅就業を行政による管理監督が容易な工場
労働へと移行させることになったのである。

　この規制は 1980 年代後半に緩和されることになる。C.F.R. は 1988 年に改訂され、それ
まで限定的に認めていた特例を外したのである。これにより、家内労働は C.F.R. の規制の
下で誰でも行えるようになった。その一方で、増えつつあった電話やインターネット回線を
活用した事務職等の在宅就労については、従来の家内労働と同列に規制すべきだとの議論が
あったものの、連邦法としての法制化は見送られた。

　これにより、連邦法では Industrial Work 以外の在宅就労（Home based work）の規制
が行われなかったことで原則的に自由化されたことと同様の状況となったが、従来の
Industrial Work に事務職（Clerical）を許認可に追加した州もある[5]。アメリカでは連邦法
を上回る保護規定を州法として定めることができるからである。

　2000 年代後半になると、情報通信技術の発展は 1980 年代の在宅就労では想定しなかっ
た状況を生み出した。インターネットと接続できるスマートフォンや PC などの端末を活用
することで、サービスの利用者と提供者を瞬時につなぎ合わせるプラットフォームビジネス
が拡大したのである。このとき、サービスの提供者が雇用労働者であるか否かという問題が
同時に浮上した。このビジネスモデルに従事する事業者は自らをサービスの利用者と提供者
のマッチング企業として、サービスの提供者を雇用していないとする。マッチングされるサ
ービスの提供者が在宅で就労する場合、その労働者が雇用かそうでないかが分かれ目になる。
連邦であれば 7 業種であり、州によっては連邦よりも拡大された業種が対象となる。

---

[3] ニューヨーク大学アルバニー校ウェブページ家労働の禁止（Banning Homework: A Case Study Of
Class,Community and State in the Fulton County Glove Industryhttps://www.albany.edu/history/glovers/
homework.htm）は、家内労働で生計を立てていたコミュティが家内労働の禁止で受けた影響についてあらわし
ている。ニューヨーク州アルバーニ郡は 1940 年に家内労働を禁止する条例を制定したが、その際に、郡最高
裁判事は、家内労働者を「庭内で製造を行う者（any person who manufactures in a home）」とし、雇用か請負
かを特定せずに、「全体の福祉を促進するという理想を持って、社会経済悪を根絶すること」が条例の目的であ
るとした。（Eileen Boris(1994) "Home to Work: Motherhood and the Politics of Industrial Homework in the
United States" Cambridge University Press, p.267）
[4] Monthly Labor Review Vol.58, No.6(June 1944)Development and Control of Industrial Homework は、1933
年全国産業復興法（NIRA）107 条で、労働基準と工場労働者と比較した人件費の安さという企業競争の観点か
ら在宅就業（Homework）の廃止（abolish）もしくはなんらかの規制（homework was either abolished altogether
or some means of for its regulation were provided）の必要性が書き込まれたこと、その後、連邦労働省の調査
を経て、在宅就業の大半を占める（The major part of homework）七産業に厳しく限定したことを明らかにして
いる。NIRA では Industrial も雇用か否かにかかわらず在宅就業そのものの廃止を目指していた。
[5] ニューヨーク州（https://www.labor.ny.gov/formsdocs/wp/PART160.pdf を参照）、マサチューセッツ州、カリフォ
ルニア州など

連邦、州を問わず、対象業種で雇用されていることが届け出の要件となっていることから、マッチング企業と称しているプラットフォームビジネス事業者が対象業種であり、かつ雇用主であると認定されない限り、自ら届け出ることはない。現状は、プラットフォームビジネスは家内労働法が定める7業種に該当しないことから、そもそも対象とはならない。これらのプラットフォームビジネスが家内労働の対象業種に含まれたとしても、事業者は雇用主ではないとの立場を崩していないため、サービスの提供者が在宅で就労していたとしても届け出が必要な家内労働には該当することはない。これは、従属的な在宅就業が社会問題化した1920年代と変化が顕在化した1980年代以降における雇用と請負に関する状況が大きく異なっていることも影響している。1920年代は雇用と請負が未分化の状態であり、その後FLSAによって雇用を基盤とした体形が整備されてきた。家内労働の規制もこうした流れを背景としている。在宅就業は情報通信技術の発達とともに1980年代から新たな局面を迎え、雇用と請負の区分が明らかになったところで、それらの状況を勘案した規制を家内労働の枠内で講ずるべきかどうかとの議論があったものの、実行には移されなかった。

一方、この点に関し、誤分類（Misclassification）の修正として、サービスの提供者を個人請負から雇用へと区分修正を行う動きがある。実態は雇用労働であるにもかかわらず、請負契約とすることで、最低賃金や残業代、健康保険、年金といった社会保障の支払いを回避する事業主が存在する。そうした脱法行為を防ぎ、未払い賃金の回収と必要な税の徴収を行うことを目的とするものが誤分類の修正である。中央では連邦労働省と内国債入庁が共管で担当し、州、市においても労働担当の省庁を軸に関係各所が協働している。

これら誤分類の修正は家内労働をめぐる課題の一つだが、そのきっかけは1988年のC.F.R.改正にさかのぼる。1980年代からホワイトカラー職種に在宅就業が拡大し、それが従属的であり労働条件の悪化をもたらすものであれば規制対象として家内労働の枠内に加えるかどうかの判断が必要な時期にさしかかるとともに、家内労働が元来、誤分類を招きやすいという状況にあったからである。この課題の延長線上に、デジタルプラットフォームにおける雇用類似や請負労働の問題が登場した。従来のビジネスモデルとの最大の相違点は、インターネットにより「瞬時」に顧客とサービスの提供者を結び、業務が終了したら「瞬時」に関係が解消される点にある。誤分類の修正を行う行政サイドからすれば補足が非常に困難になる。汎用性の高いスマートフォンのアプリケーションによって行われるために、誰もがそして「瞬時」にマッチングが可能になる。従来の規制の下での家内労働との相違は次の通りである。

①　従来の規制の下での家内労働は、仕事のマッチングや連絡等において「瞬時」に行えないことから、ある程度の継続性がある一方、デジタルプラットフォームではマッチングと組み合わせ解消が「瞬時」で行われること

②　従来の規制制の下での家内労働は、特殊性ゆえに労働者の数が限られていたのに対し

て、デジタルプラットフォームでは汎用性の高い機器の使用とインターネットにより広範にそして短期間に労働者の数が拡大すること。

③ 従来の規制の下での家内労働は、雇用実態に基づき誤分類の修正が行えたのに対して、デジタルプラットフォームではマッチング企業というビジネスモデルの妥当性に対する疑義を証明しなければ誤分類の修正が難しいこと。

　アメリカにおける家内労働と規制の枠組みの歴史的経緯をたどれば、従属的な在宅就業を行う労働者を保護するために七業種を抽出して対象を限定した家内労働の枠組みを構築してきたということがある。そのためのポジティブリストとしての限定的な許可制度であったが、在宅就業が家内労働の範疇を超えてきた 1980 年代に、時代にあわせてあらためて従属的な在宅就業を行う労働者の保護という方向には向かわなかった。むしろ、認可制へと家内労働が変遷したことで、従属的な在宅就業に対する規制は家内労働に限定するというかたちで在宅就業が原則的に自由化されたのである。そこにデジタルプラットフォームという新たな条件が加わっている。これは単なる規制緩和ということだけではなく、在宅で働くことにおいて、7 業種以外であり、雇用類似もしくは個人請負という形態であれば、規制の対象ですらなくなったということを意味する。1943 年連邦規則集（CFR;the Code of Federal Regulations) 29 C.F.R. Part605 から Part633 の趣旨は、搾取と低い労働条件の温床となっていた在宅労働を原則として禁止することにあったが、その趣旨は有名無実化しているといってよい。アメリカの家内労働をめぐる課題は、家内労働における低い労働条件や安全衛生、社会保障といった状況があった場合に、それをどのように把握するのか、労働者が自らの労働条件の向上をどのように要求するのか、事業主と紛争が起きた場合にどのように解決するのかといった手立てが失われていることにある。

第 1 節　制度概要

1．根拠法等

　家内労働に関する規制は連邦規則集（CFR;the Code of Federal Regulations) 29 Part 530 による。ここで、家内労働は下記の 7 業種を指定した雇用労働として認められている。

- 婦人アパレル産業（Women's Apparel Industry）
- 織物外衣産業（Knitted Outerwear Industry）
- ハンカチ製造業（Handkerchief Manufacturing Industry）
- ボタン・バックル製造業（Button and Buckle Manufacturing Industry）
- 宝飾品製造業（Jewelry Manufacturing Industry）
- 手袋・ミトン産業（Gloves and Mittens Industry）
- 刺繍産業（Embroideries Industry）

これらの業種で家内労働を行う場合、婦人アパレル産業を除き、事業主が申請することで許可が得られる制度となっている。婦人アパレル産業はほかの6業種よりも規制が厳しく、労働者の申請も必要になる[6]。許可を得た事業主には労働者の労働時間と作業内容についての記録をとることが義務付けられる[7]。所管するのは連邦労働省賃金時間局（Wage and Hour Division）である。

　根拠となるのは、公正労働基準法（FLSA; the Fair Labor Standards Act）§ 11（d）および米国連邦法規集（U.S.C.）29 § 211（d）である。ここで連邦労働省労働時間局への届け出に基づいて在宅就業者と事業主双方に Certification を発行すると規定している。これらの手続きにより認められた家内労働は、通常の雇用労働と同様に、FLSA の下で最低賃金および週40時間を超える部分の労働についての割り増し賃金が支払われることになる。

　連邦制をとっているアメリカでは連邦法を上回る保護規定を設けることが可能である。カリフォルニア州では1971年州法典労働法第2651条で禁止対象の在宅形態の就業範囲を規定している。これは、1943年連邦規則集29 C.F.R. Part 530 においてポジティブリスト化していた連邦と反対のネガティブリスト方式である。禁止していない就業は1年毎の更新を義務付けた届け出制となっている。また、1971年州法典第2658条では禁止対象を拡大している。ニューヨーク州もカリフォルニア州と同様に州法典13条で在宅形態の就業を許認可制としている。監督官は就業実態に基づき、認可を取り消す権限を持っている。

　現行の規定は1988年に改訂された C.F.R. による。家内労働の規制緩和に向けた調査が1981年3月から行われ、1988年に C.F.R. が改訂されて1989年1月に実施に移された。これは、1943年連邦規則集（C.F.R.;the Code of Federal Regulations）29 C.F.R. Part605 から Part633 における規制をほぼ全面的に撤廃するものといえる。

　家内労働は女性、児童の長時間、低賃金労働の温床とされてきたが、ニューディール期の1936年に連邦政府は The Walsh–Healey Public Contracts Act of 1936（41 USC § § 6501-6511）により、公契約における家内労働を禁止した。1938年に制定された公正労働基準法（The Fair Labor Standards Act of 1938）および、その運用規則である1943年連邦規則集（CFR;the Code of Federal Regulations）29 C.F.R. Part605 から Part633 は、家内労働（Industrial Homework）として前述の七業種を指定するとともに、「年齢・身体・精神的な障害や介護等の事由がある者等」のみを対象とする許可制として、原則的に禁止と

---

[6] 1984年の改正ではじめて刺繍産業において事業主の申請で許可が得られる規制緩和が行われた。これは多くの家内労働者を抱える事業主の事務処理負担を軽減のためのものである。その後、婦人アパレルを除く6業種に拡大した。

[7] 記録フォーマットは連邦労働省が Homeworker Handbook としてウェブ上で提供している。（https://www.dol.gov/whd/forms/WH75EN.pdf）

したのである[8]。許可は事業主と労働者双方の申請と労働時間と作業内容の記録が義務付けられていた。ニューディール期における規制は、社会問題を引き起こす可能性のある家内労働を網羅するものとして七業種を指定したのであり、つまりは雇用、請負問わず、事業主から資材提供を受けて製造作業を行うという家内労働すべてを原則的に禁止するという意味を持ったものである。

これに対して、1988年のC.F.R.の改訂は、「年齢・身体・精神的な障害や介護等の事由がある者等」のみを対象とするとした規制を撤廃し、許可を得られれば誰でも家内労働を行うことができるとしたものである。つまり、それまでの原則禁止とした状況から、指定された業種に限っているとはいえ、対象となる労働者を自由化したのである。また、事業主と労働者双方の申請は、婦人アパレル産業を除いて事業主のみの申請へと規制が緩和されている。

1943年C.F.R.における規制は、在宅就労のうち、社会問題を起こす可能性の高いものを七業種として網羅したものであった。つまり、家内労働＝在宅就労の規制だったということができる。しかし、1988年のC.F.R.改訂時における七業種は、電話やICTを活用したホワイトカラー職種などの在宅就労などの拡大のなかで全体のごく一部にすぎない状況となっていた。それにもかかわらず、七業種の指定を継続したことは、それまでの規制を撤廃したのみならず、社会問題を起こす可能性のある従来の家内労働以外の在宅就労はそのままにしたということを意味している。

2. 全国労働関係法（NLRA）の適用

家内労働者が団体交渉権を有するかどうかについては、労働者と使用者との団体交渉手続きを定める全国労働関係法（NLRA）に基づく。これによれば、家内労働者が使用者と団体交渉権を有するとみることは困難である。NLRA第15条（b）は適正交渉単位について規定するが、家内労働者はその対象とみなすことができないからである。適正交渉単位は使用者と労働条件等について交渉することができる範囲のことであり、同様の働き方、職種、職場、時間、賃金の支払い方にある労働者のことを指す[9]。この適正交渉単位のとらえ方からすると、アメリカには複数の交渉単位が存在する。交渉単位ごとに異なる労働組合が労働者を組織することが可能であるため、一つの事業所に複数の労働組合が存在することも珍しくない。一方で、家内労働者は第一に職場が異なり、時間や働き方も様々である。そのため、適

---

[8] (a)(1) Is unable to adjust to factory work because of age or physical or mental disability; or (2)Is unable to leave home because his presence is required to care for an invalid in the home; and (b)(1) Was engaged in industrial home work in the industry, as defined, prior to July 1, 1941(except that if this requirement shall result in unusual hardship to the individula home worker it shall not be applied); or (2) Is at any time engaged in such Industrial home work under supervision of a State Vocational Rehabilitation Agency or of a Sheltered Work Shop, as defined in § 525.1 or this chapter.

[9] 「単一の事業所」「被用者が共通の管理下にあって賃金その他給付の帳簿の単位が同一」「被用者と使用者の意思疎通の単位」「被用者同士の接触場所が同一であること」

正交渉単位として認定されることが困難である[10]。

デジタルプラットフォームビジネスの下でサービスの提供を行う労働者が在宅で働いた場合、プラットフォームビジネス事業者と団体交渉ができるかどうかについては、NLRA 第2条（3）は独立自営業者もしくは個人請負労働者の適用を除外しているため、個人請負から雇用労働者へと区分変更がない限りは団体交渉を行うことはできない。

3．労災補償、家族介護休暇法、労働者調整・再訓練予告法、公正労働基準法の適用

労災補償、家族介護休暇、雇用調整に伴う予告および再訓練、公正労働基準法の適用は、雇用であるか請負であるか、もしくは請負であっても実質的には指揮命令等にあり雇用労働とみなされるかどうかによって適用が異なる。

雇用の場合はすべてが適用対象となる。一方、雇用のみが対象で請負は対象とならないものは次の通りである。第一に労働者本人およびその家族が出産、病気治療等を必要とする際の休暇の取得を認める家族介護休暇法（Family Medical Leave Act）。適用対象となるかどうかは、事業所との距離によって判断される。具体的には、雇用労働者50人以上の事業所から75マイル（120.71キロ）以内で就業していることが条件となる。ついで、雇用調整に伴う解雇予告および再訓練。100人以上の従業員を雇用する使用者の下で在宅で就業している場合に適用となる[11]。

公正労働基準法（FLSA）と安全衛生法（OSHA）[12]は、実態からみて請負ではなく、雇用されていると判断される誤分類の場合に適用される[13]。

公的年金については、請負労働者は雇用労働者および事業主負担分を合算した料率を支払うことで対象となる。また、健康保険は2010年の医療保険制度改革（An act entitled The Patient Protection and Affordable Care Act：通称オバマケア）導入以降に請負労働者も適用対象となっている。一方で、失業保険は雇用労働者のみを対象とし、請負労働者は除外

---

[10] ウィスコンシン州の公共セクターの労組である州郡市町村職員連盟（AFSCME）Local2412 とウィスコンシン州立大学病院およびマジソン市クリニックとの間での団体交渉が、在宅形態の就業を行う労働者を範囲に含んでいる。

[11] 労働者調整・再訓練予告法（WARN; Workers Adjustment and Retraining Notification Act）による。同報は、100人以上を雇用する使用者が雇用調整を実施する際に60日前に予告を行うことを義務付けている。

[12] 雇用されている家内労働者への OSHA の適用が就業場所を問わないことが判例によってかたちづくえられている。

[13] 内国歳入庁（IRS）の税申告フォームのうち個人請負労働者は the 1099、雇用労働者用は W2 を受け取るが、（1）the 1099 対象労働者による申請、（2）the 1099 と W2 の双方を同一の事業主から受け取っている場合、（3）政府機関への苦情申し立ての三つの方法により行政機関係各所が調査に入り、実態として雇用労働の状態であったと認定された場合に適用される（誤分類の修正）。この判断は各州で行われる。たとえばカリフォルニア州では、ボレロテスト（S. G. Borello & Sons, Inc. v Dept. of Industrial Relations, 48 Cal. 3d 341 (Cal. 1989) と呼ばれ、次の基準によって対象となるかどうかが判断される。①「発注される仕事が職業か事業か」②「いつも決まっている事業かどうか」③「経費負担を発注者と労働者のどちらがしているか」④「仕事に必要な投資は労働者自らが行うかどうか」⑤「与えられるサービスが特別なスキルを必要とするかどうか」⑥「発注者の監督下にあるかどうか」⑦「損失が労働者自らの管理能力によるかどうか」⑧「従事する時間の長さ」⑨「仕事上の関係の永続性の程度」⑩「時間単位か業務単位かの報酬支払い基準」⑪「発注元と発注先のどちらかが雇用関係が成立していると感じているかどうか」

されている[14]。

つまり、雇用、請負、就業実態から雇用と同様、就業場所という区分で団体交渉権や社会保障の適用が異なるのである。連邦法で家内労働に関する規制が緩和されたのは1980年代後半だが、同時期には単なる規制撤廃にとどまらず、包括的に労働者の権利擁護と社会保障に関する法制度を再構築する試みも行われた。その理由は、従来の雇用の枠組みに収まらない、派遣労働や個人請負、パートタイム労働などの数が拡大したからである[15]。

こうした問題に対処するために、政府は1994年にダンロップ委員会を設置して、解決策について検討が行われた[16]。その最終報告では、実態から雇われているとみなすことができる労働者の区分（誤分類：Misclassification）を雇用に変更するために、関連する法案の改正を提言した[17]。団体交渉権においても、全国労働関係法を改正し雇用労働者と同様の権利を与えるべきだとした。しかし、共和党が連邦議会の多数派を握るなかで提言は法制化されることはなかった。

デジタルプラットフォームビジネスの下で個人請負とされる労働者の権利や社会保障をめぐる課題はダンロップ委員会の提言が法制化されていれば生じなかった可能性があるといってよい。つまり、デジタルプラットフォームビジネスは環境変化に対応するように変更されなかった法規制の穴を利用することで急発展してきたことで、雇用類似に関連した問題が拡大を続けてきたということになるのである。

4．在宅就労とICT

家内労働の規制撤廃は1980年代から90年代にかけての情報通信技術（ICT：Information Communication Technology）の発達の影響を強く受けている。具体的には、インターネットを通じ、ホワイトカラーやプログラマーなどの職業において在宅で就業することが可能になったことである。その意味では、スマートフォンなどの情報通信端末を通じてサービスの利用者と提供者をつなぎあわせるデジタルプラットフォームビジネスの先駆けとみることができる。

---

[14] 家庭が職場となる労働には家事労働（Domestic Work）があり、就業形態は雇用、請負双方の場合がある。このうち、雇用でありかつ雇用主が当該年および前年の四半期に1000ドル以上の賃金を支払っている場合は、雇用主に失業保険税の支払い義務が発生する。

[15] 企業年金に関して定めたERISA法は年間1000時間未満のパートタイム労働者の適用を除外。オバマケア導入が導入されるまでは健康保険加入は50人以上のフルタイム労働者を雇用する事業主が義務付けられていたものであり、それ以外の労働者は健康保険にカバーされていなかった。

[16] クリントン大統領政権下に商務省長官と労働省長官が連名で始めたものであり、委員会の名前は1970年代のフォード大統領政権下で労働長官を務めたJohn T. Dunlopが委員長を務めたことに由来する。正式名称は「労働者・管理者関係の将来に関する委員会（Commission on the Future of Worker-Management relations）」。

[17] ダンロップ委員会最終報告（The Dunlop Commission on the Future of WorkerManagement Relations・Final Report）では、3.(13)において、雇用関係を経済実態に基づく単一の定義とするとともに独立請負（Independent Contractor）についての定義を厳格に定めるための法改正を行うべきだと提言している。このうち、経済実態についての具体策は述べていないが、独立請負を「失うリスクをとり、複数の顧客と取引きし、自らを自営業者として公にする起業家」として法に明文することを持って、誤分類を防ぐとともに、脱税行為となる誤分類を行う雇用主にインセンティブを与えるべきではないとしている。なお、これらの提案は法制化されなかった。

前述したように NLRA は就業場所が異なる労働者を適正交渉単位とはしてこなかったため、在宅就業が雇用であったとしても、主たる就業場所に所属する労働者を組織する労働組合に組織化することは困難である。そのため、IT 産業の労働者を組織していたサービス従業員労働組合（SEIU）は家内労働の規制撤廃に反対する姿勢を示していた[18]。

第2節　家内労働の状況

　家内労働は 1989 年に自由化されたことから、それ以前に対象としてきた、婦人アパレル産業、織物外衣産業、ハンカチ製造業、ボタン・バックル製造業、宝飾品製造業、手袋・ミトン産業、刺繍産業という縫製・宝飾に特化した内職的な就業のみが規制対象として限定されることになった。ＩＣＴの発達により、ホワイトカラー職種やプログラマー等の職種が在宅就労というかたちで規制対象となる家内労働を超えた範囲が大きな部分を占めるようになり、ついには 2000 年代になって、プラットフォービジネスの下で雇用類似の労働へと拡大した。そうしたなかで全体の状況を把握することは困難である[19]。

　本節では、国勢調査に基づく在宅労働者調査の結果、在宅就労をともなうフリーランス労働者および家政婦・子守・在宅介護等の労働者、行政等への聞き取り調査や動向等を通じて総合的に実態に近づきたいと思う。

1．政府統計による在宅労働者の状況

　在宅労働者の状況に関する政府統計は、連邦労働省労働統計局が実施する AMERICAN TIME USE SURVEY[20] と国勢調査局が 10 年に一度の国勢調査の付属調査として実施する「在宅就業調」[21] がある。

　直近の調査である 2018 年の「AMERICAN TIME USE SURVEY」によれば、主業（main job）として在宅就業する者のうち、雇用されている者が 20.6％、自営業者（self-employed）が 50.7％だった。雇用されている者は、2003 年が 18.6％だったことから、近年は増加傾向にある。職業別では、管理・事務・財務（Management, business, and financial operations）33.6％、専門職（Professional and related）32.4％、サービス（Service）10.0％、販売関

18　Edwards and Field-Hendrey(2002)
19　在宅労働者を題材にした先行研究として、「ホワイトカラーの在宅就労」Kraut(1988)、Gerson and Kraut(1988) と Kruse and Hyland(1998)、「女性の働き方」Presser and Bamberger(1993)、Edwards and Field-Hendrey(2002)、「不完全資本市場と自営業の仕事満足度」Blanchflower and Oswald(1998)、「雇用主もしくは消費者の選好」Borjas and Bonars(1989)、「賃金および無償での報酬」Devine(1992) と Lombard(1995)、「人種、民族別の在宅就業の傾向の相違」Fairlie and Meyer(1994) と Fairlei(1999)、「自由な働き方」Rettenmaier(1998)。「労働者性」Webb,et、「事業主の労務コスト」Oettinger(2010)、「独立労働者（Independent Worker）の権利」Heckscher, Horowitz and Erickson(2010)。
20　AMERICAN TIME USE SURVEY － 2018 RESULTS (https://www.bls.gov/news.release/pdf/atus.pdf)。the Current Population Survey (CPS), the nation's monthly household labor force survey に回答した 15 歳以上の世帯主から 無作為抽出した 9,600 名に対する聞き取り調査による推計値。
21　国勢調査局による「在宅就業調査」は、「収入及びプログラム参加調査（SIPP; The Survey of Income and Program Participation(SIPP)）と「米国コミュニティ調査（ACS; The American Community Survey）」に基づく。SIPP は 5 万世帯を対象、ACS は 300 万の住所を対象。調査対象は不法滞在の状態にあるかどうかを問わない。

連（Sales and related）27.4%、事務補助（Office and administrative support）15.0%、建設（Construction and extraction）8.3％、製造（production）7.7%、輸送・配送（Transportation and material moving）7.0%だった。週給別では、$0 - $630 が 7.9%、$631 - $960 が 10.8%、$961 - $1,530 が 23.0%、$1,531 以上が 34.9%だった。

　ついで、「在宅就業調査」は、直近が 2010 年で、主として在宅で就業する労働者は 582 万人で就業者に占める割合は 4.3%だった。「在宅就業調査」は、「収入及びプログラム参加調査（SIPP; The Survey of Income and Program Participation（SIPP））と「米国コミュニティ調査（ACS; The American Community Survey)」の二つの調査を組み合わせて分析しているが、サンプルの取り方やサンプル数が異なるため、完全に一致した結果とはならないことを留意する必要がある。また、「すべてを在宅」「主として在宅」「週のうち少なくとも 1 日は在宅」と在宅就業についての頻度について聞いており、主業を在宅で就業することについて聞いている「AMERICAN TIME USE SURVEY」とは設問の立て方が異なっていることも留意する必要がある。

　「在宅就業調査」としては 2010 年が直近だが、「米国コミュニティ調査（ACS; The American Community Survey)」は 2017 年の結果が出されており、そこでは主として在宅で就業する労働者の割合が 5.2%だった。この数字は、2000 年 3.3%、2005 年 3.6%と増加傾向にある。

　「在宅就業調査」は、在宅および職場で働く就業者の年収の中央値も明らかにしている。「在宅のみ」の場合では 25,500 ドル、「在宅と職場の混合」では 52,500 ドル、「職場のみ」では 30,000 ドルとなっており、「在宅のみ」がもっとも低くなっている。職業では、管理的、会計・経理などの事務、企業経営上必要となる仕事、金融関連が多い。2000 年から 2010 年にかけてコンピュータ・エンジニア・科学職が 69.0%増加するなど、ICT が発達する環境の影響を受けている。

　在宅労働調査は、在宅形態の就業が「自発的か」「非自発的か」についても聞いているが、「自発的理由」が 26.7%、「非自発的理由」73.3%であり、「非自発的理由」の内訳は「仕事が見つからないから」が 1.4%、「仕事上の理由が 68.3%」、「その他 3.6%」だった。

2．在宅労働および雇用類似をめぐる現状

　1989 年に規制が撤廃されたことから、アメリカの在宅労働をめぐる論点はもっぱら、①雇用労働であれば適正交渉単位となりえるか否か、②個人請負労働としての誤分類の問題かどうか、③個人請負労働者の権利と社会保障の拡大適用の問題かどうか、④デジタルプラットフォームにおけるサービスの提供者を雇用労働者としてみなすかどうか、もしくは個人請負労働者であるならば元請下請関係が公正であるかどうかの四点で語られる。

　このうち、①の適正交渉単位は NLRA の現状の枠組みでは限界がある。②については第 1 節で述べた通り、公正労働基準法と内国歳入法遵守の観点から連邦、州、市それぞれの行

政が監督業務を行っている。③については家政婦や在宅介護労働者の権利擁護組織であるド
メスティック・ワーカーズ・ユナイテッド（Domestic Workers United）およびフリーラ
ンス労働者の権利擁護組織であるフリーランサーズ・ユニオン[22]が州、市政府に対する制度
政策要求を通じ、いくつかの州、市で契約単価や労働条件等についての規制を獲得している。
④については、旅客マッチング業 Uber 社をめぐる訴訟を通じて判例が積み重ねられてきて
いる。

　②の公正労働基準法と内国歳入法については、労働政策研究・研修機構資料シリーズ No.
181『諸外国における最低賃金制度の運用に関する調査— イギリス、ドイツ、フランス』に
詳しい。概説すると、連邦労働省は 2014 年から戦略的執行（Strategic Enforcement）を
実施しており、そのなかで事業主による不正な誤分類を摘発している。戦略的執行とは最低
賃金違反もしくは残業代未払い等の 被害にあった労働者からの訴えに基づいて事業主を調
査するというリアクティブ（受動的）な監督業務を違反の多い産業、地域に絞り、訴えがな
くとも重点的、継続的に調査を行うプロアクティブ（能動的）なものに変更するものであり、
実施にあたっては省庁間、部門間の壁を超えた協力関係の構築によって監督業務にあたるも
のである。重点的に対象とするのは、違反の大半を占める飲食、ホテル、住宅建築、清掃、
引越し業、農業製品、造園業、ヘルスケア、在宅介護、食料品店、小売であり、これらの業
種では、最低賃金違反、残業代未払い、誤分類等の不正行為が横行している。具体的な手法
は次の通りである。

- 産業構造を把握し、企業間の元請下請関係のマッピング、調査手順の考慮、雇用責任
  の範囲の確認、他産業との関係に拡大
- 産業特性、地域特性に基づく抑止力の行使
- 苦情処理に基づく調査から戦略的資源に基づく調査への転換
- 継続的な調査

ここで、「元請下請関係のマッピング」があげられている理由は、人件費削減を目的とし
た不当なアウトソースや誤分類の摘発が視野に入っているからである。

　③については、「家内労働者の権利の章典（Domestic Workers Bill of Rights）」と「フ
リーランサー賃金条例」があげられる。「家内労働者の権利の章典」はドメスティック・ワ
ーカーズ・ユナイテッドが進めてきたもので、「労働者の権利の章典（Worker's Bills of
Right）」の存在がある。「労働者の権利の章典」は 2010 年にニューヨーク州が「家内労働
者の権利の章典」を州法として法制化している。家内労働は、家事、子守り、介護などを指

---

[22] フリーランサーズ・ユニオンは 1995 年設立のワーキングトゥデイを前身とし、独立労働者（Independent
　Worker）に健康保険の団体割引加入サービスの提供を軸に活動する組織である。法的根拠は、内国歳入法
　501(c)(4) である。会員数は全米で 30 万人を超える。フリーランサーズ・ユニオンによれば、独立労働者の数
　は 2006 年に 4,260 万人、労働人口の 30％にのぼる。その内訳は、派遣労働者（Agency temporary workers）、
　請負労働者（Contract company workers）、日雇い労働者（Day Laborers）、期間工（Direct-hire temps）、個人請
　負（Independent Contractors）、オンコールワーカー（On-call workers）、自営業者（Self-employed workers）、パー
　ト労働者（Standard part-time workers）である。

し、家主との請負契約で労働者が従事する。請負労働としての家内労働者に、最低賃金、残業代、有給化の取得を認めるものが「労働者の権利の章典」である。NLRA の対象とならない家内労働者に団体交渉権を認めるかどうかの判断を行うための調査の実施も州法に織り込まれている。2010 年のニューヨーク州ののち、2013 年にはハワイ州とカリフォルニア州でも法制化されている。「フリーランサー賃金条例」は、800 ドル以上の請負労働につき、書面で対価の支払い期日と金額を記した契約を元請け企業と労働者が取り交わすことを義務付けるものであり、2016 年にニューヨーク市で成立した。期日までに元請け企業が対価を支払わない、契約書に支払期日が記載されていない場合、業務が終了してから 30 日以内に元請け業者には支払い義務が発生する。

　雇用類似をめぐる判例では、ニューヨーク州労働省行政審判官（An administrative law judge）が 2017 年 6 月 9 日に 3 人のウーバー社の元運転手に失業保険の受給資格があるとし、現在、業務に従事している他の全ての運転手の失業保険掛け金をウーバー社が負担しなければならないとする見解を示したほか、カリフォルニア州最高裁判所は 2018 年 4 月にトラック会社が契約する運転手に ABC テストを課して雇用か請負かを見極めることを決定した。ABC テストとは、(A) 業務手法について請負元から指示をうけているかどうか（the worker has freedom from control over how to perform the service）(B) 通常業務もしくは職場の外で業務が行われているかどうか（the service is outside the business's normal variety or workplace）(C) 労働者は独立して確立した役割に従事しているかどうかの三つを基準にして判断するものである。同種のテストは 2015 年にニュージャージー州が採用している[23]。

３．行政機関ほかへのインタビュー

　雇用類似の修正や労働者権利擁護組織における制度政策要求、判例などにより、デジタルプラットフォームビジネス下の個人請負労働者も含めて、保護規制が強化されてきているようにみえる。そうした状況についてニューヨーク州政府ほか、いくつかの組織へインタビューを行った。

（イ）ニューヨーク州政府[24]

　ニューヨーク州政府労働者保護コミッショナーを訪問して概要、および雇用類似に関連した保護について質問した。回答は以下の通り。

・　州内に 95 の出先機関があり、絶えず州内を巡回

---

[23] Dynamex Operations W. v. Super. Ct., Cal., No. S222732, 4/30/18. なお 2019 年 4 月現在、The U.S. Court of Appeals for the Ninth Circuit にて継続審議中。

[24] New York State Department of Labor、Mr. Milan Bhatt, Esq. Assistant Deputy Commissioner for Worker Protection を 2018 年 12 月 5 日に訪問した。

第4章 アメリカ

- 監督業務は民間企業のほか、学校、消防、警察などの公的機関に対して行なっている。
- 最賃違反、残業代未払いなどの法令遵守違反に対して、統計調査、労働者やコミュニティ組織、労組からの訴えから、12 産業を選び出し、戦略的に監督業務を行う。
- 最賃引き上げがこの 10 年間と比べると一気に引き上げられたため、州内の地域、業種、規模に合わせて監督、周知を実施。
- 調査には、民間調査会社と契約して、証拠を押さえるための撮影なども含めて実施している。
- 州政府は省庁横断的に 12 の部署が連携して問題に当たっている。
- 民間部門、公的部門の契約企業には業種ごとに prevailing wage を導入して管理監督している。
- 現状でどのような問題が起きているか把握するため、とくに移民労働者は言葉も話せないことから、直接、労働省に訴えてこないことから、労働省の各地の事業所で定期的にそして頻繁にコミュニティ組織、労働者権利擁護組織、学識、労組等からなる会議を開催して問題の把握に努めている。
- 州内では、農業労働者が時間管理の外に置かれている。低賃金の状況に置かれることも多いため、農業においても prevailing wage を導入している。
- 多くの企業が、労働基準法逃れ、健康保険、年金の掛け金逃れのために、実際は雇用であるにもかかわらず、請負であるとするミ誤分類が横行しており、取り締まりも行なっている。
- この 10 年間をみて、雇用類似労働者は増えていない。

ギグエコノミー、もしくはプラットフォームビジネス下での個人請負労働については、実際は雇用であると考えているが、保護については現在、さまざまな調査を実施している。

家事労働者は個人請負として扱われるが、彼らは「家内労働者の権利の章典」の法制化を実現し、団体交渉の足がかりと、労働基準法に準ずる保護を得ている。この法律を農業やギグエコノミーにも拡大していくことが望ましいと考えている。

（ロ）コーネル大学労使関係学部（ニューヨーク州政府労働者保護コミッショナー、メンバー）[25]

ニューヨーク州政府より紹介を受けて、労働者保護コミッショナーメンバーであるコーネル大学労使関係学部代表者を紹介された。インタビューの内容は次の通り。

- ギグエコノミー（プラットフォームビジネス）と移民によるインフォーマルワークは、雇われない、不正に雇わないという意味でほとんど同じ構造を持つ
- 雇われない労働として、問題なのは長時間でかつ低い報酬
- 現行法でも、グレーな使用者の取り締まりは、州政府、市政府の双方で行われている。

---

[25] Cornell University ILR School, Ms. Maria Figueroa, Director Labor and Policy Research を 12 月 6 日に訪問した。

- 73 -

諸外国における家内労働制度―ドイツ、フランス、イギリス、アメリカ―

- 問題は、圧倒的な監督官不足。
- ニューヨーク市はウーバーの台数規制と最低賃金額適用に関する実験的条例が入っている。
- 家事労働者は個人請負だが、彼らに最低賃金や休暇、団体交渉権等を認める Domestic Workers Bill of Rights が州法として成立。
- これら法的規制は大きな第一歩、ではあるのだが、法令遵守をさせるための手立てが行政に圧倒的に不足している。ただでさえ、雇用されている労働者が Wage Theft と呼ばれる賃金未払いの状況にあう。そのための監督官が不足しているのにもかかわらず、実際は労働人口のわずかでしかないインフーマル労働や個人請負に関する不正を正す監督者の数は圧倒的に足りない。
- その厳しい状況で、不正の把握を行なっているのは、労組ではなく、地域組織（Community based Organizations）である。
- なぜなら、労組は組織化につながらないので、関心を持たないからだ。
- とはいえ、地域組織の力は圧倒的に弱いし、事務局の人数も少ない。
- 有名なフリーランサーズ・ユニオンも、ドメスティック・ワーカーズ・ユナイテッドも、メディア等でのプレゼンスは大きそうに見えるが、圧倒的に組織人員が少なく、交渉力がない。
- こうした地域組織を支援する労組は、SEIU と UFCW にとどまる。
- インフォーマル労働、雇われない労働ともに、働く側に法的知識がない、ということも問題の一つであり、教育や周知が欠かせないが、そのための資源がない。
- ウーバー労働者を組織するのは、機械工労組支援下の independent drivers guild だが、ウーバーと妥協したコントラクトを締結し、タクシー労組と反目している。
- 法制度は良い。しかし、法令遵守の手だてがない、ということが最大の問題点である。
- したがって、インフォーマルをフォーマルに、フリーランスは雇用にすることが、結局のところ、もっとも簡単な解決法であり、もとを正せば、雇われない労働など認めるべきではない。

（ハ）ドメスティック・ワーカーズ・ユナイテッド（ニューヨーク州政府労働者保護コミッショナー、メンバー）[26]

　家政婦、子守、在宅介護に従事する労働者の権利擁護組織、ドメスティック・ワーカーズ・ユナイテッドはコーネル大学労使関係学部と同様にニューヨーク州政府に紹介された。インタビュー内容は次の通り。

- 家政婦、子守、在宅介護などの労働者の権利を守る全米組織
- ドメスティック・ワーカーは個人請負

---

[26] Domestic Workers United, Namra Pradhan を 12 月 7 日に訪問した。

- 移民労働者中心
- ドメスティック・ワーカーズ・ビル・オブ・ライツはニューヨーク市の条例で、最賃、有給、超過勤務手当など、公正労働基準法に準ずる権利を与えるもの。団体交渉のための調査期間も置かれた。
- 条例遵守のため、家内労働者の経営者組織もあり、同じフロアに同居している。
- 使用者、労働者双方への法令教育のほか、家内労働としてのスキル訓練（保育、介護）、使用者（家主）に要求を対等にいうためのコミュニケーション訓練（たいていは、使用者は主人のように振る舞い、労働者を対等の立場とみないため）を行う。
- 実際に条例制定に向けての根拠、条例制定前後の数値等のデータは依頼中
- スマホを通じた仕事のアレンジが進行中。細切れ雇用やさまざまな問題を招く。
- 仕事はエージェンシーを通じてアレンジされることがあるが、ダブルブッキングがあるなど、かなり杜撰。

まとめ

　アメリカにおける家内労働は、1988年の規制撤廃以降、アウトソースに関連した雇用類似のなどを含む在宅就業に関連した問題を包括できなくなっている。その動きが、2000年代後半のプラットフォームビジネスの進展とともに再び拡大している。その理由は、家内労働がニューディール期から継承する七業種に限定した雇用労働を対象とした規制にとどまっていることに他ならない。

　そのなかで、家内労働のみならず個人請負労働に対しては、誤分類の修正や労働者権利擁護組織の活動に基づく個人請負労働者の権利の確立や新たな規制が進みつつある。こうした状況のなかで注目すべきことはニューヨーク州政府労働者保護コミッショナー、メンバーに対するインタビューからできてきた「規制を強化してもそれを監督することや法令遵守が困難である」ということである。

　アメリカでは雇用類似にまつわる問題は家内労働だけのことではなくなっている。在宅就業まで拡大して考慮すれば、個人請負労働もしくは雇用類似の働き方と、そうした労働者の保護を考えることが必要になっている状況にアメリカはある。そのなかで、規制を強化すれば労働者の保護につながるという考え方だけでは問題の解決にはならず、事業主、当事者双方に対する教育啓もう活動とともに、労働者への教育活動、さらにはそもそもの問題として雇用類似もしくは個人請負労働者を当初から雇用労働者として保護対象に加えることが必要だとする意見がインタビュー対象者から聞くことができたことは興味深い。

【参考文献】

Blanchflower, David G., and Oswald, Andrew J. (1998) "What Makes an Entrepreneur?" Journal of Labor Economics 16, no. 1 (January 1998) : 26–53.

Borjas, George J., and Bronars, Stephen G. "Consumer Discrimination and Self-Employment.

(1989) " Journal of Political Economy 97, no. 3 (June 1989) : 581–605.

Devine, Theresa J. (1992) "Compensation Composition Constraints and Household Self-Employment Decisions." Photocopied. University Park: Pennsylvania State University, Department of Economics, February 1992.

Edwards, Linda N. (2002) "Home-Based Work and Women's Labor Force Decisions", Journal of Labor Economics, 2002, vol.20. No.1

Fairlie, Robert W., and Meyer, Bruce. (1994) "The Ethnic and Racial Character of Self-Employment. " Working Paper no. 4791. Cambridge, MA: National Bureau of Economic Research.

Fairlie, Robert W. (1999) "The Absence of the African-American Owned Business: An Analysis of the Dynamics of Self-Employment." Journal of Labor Economics 17, no. 1 (January 1999) : 80–108.

Freelancers Union 資料, (2011) AMERICA'S UNCOUNTED INDEPENDENT WORKFORCE.

Gerson, Judith, and Kraut, Robert E. (1988) "Clerical Work at Home or in the Office: The Difference It Makes." In The New Era of Home-Based Work, edited by Kathleen Christensen. Boulder, CO: Westview.

Horvath, Francis W. , (1986) "Work at home: new findings from the Current Population Survey" MONTHLY LABOR REVIEW, November 1986, Department of Labor.

Katz, Harry C.; Darbishir, Owen, (2000) Converging Divergences-Worldwide Changes in Employment systems, ILR Press, Ithaca and London, NY.

Kraut, Robert E. (1988) "Homework: What Is It and Who Does It?" In The New Era of Home-Based Work, edited by Kathleen Christensen. Boulder, CO: Westview, 1988.

Kruse, Douglas, and Hyland, Mary Anne. (1998) "Telecommuting and Other Home-Based Work: Differences by Disability Status." Photocopied. New Brunswick, NJ: Rutgers University, School of Management and Urban Relations.

Lombard, Karen. (1995) "Female Self-Employment and Flexible Work Schedules." Photocopied. Coral Gables, FL: University of Miami, Department of Economics.

Mateyka, Peter J.; Rapino, Melanie A.; and Landivar, Liana Christin; (2012) Home-Based Workers in the United States: 2010, Household Economic Studies, U.S. Department of Commerce, Economics and Statistics Administration, U.S. CENSUS BUREAU.

Oettinger, Gerald S. (2010) " The Incidence and Wage Consequences of Home Based Work in the United States, 1980-2000" , J. Human Resources Spring 2011 vol. 46 no. 2 237-260.

Presser, Harriet B., and Bamberger, Elizabeth. (1993) "American Women Who Work at Home for Pay: Distinctions and Determinants." Social Science Quarterly 74, no. 4 (December 1993) : 815–37.

Rettenmaier, Andrew J. (1996) "A Little or a Lot: Self-Employment and Hours of Work." Paper presented at the meeting of the Society of Labor Economists, Chicago, May 1996.

Crawford, Ruth (1944) "Development and Control of Industrial Homework", Monthly Labor Review Vol.58, No.6 (June 1944) .

Sullivan, Cath and Lewis, Suzan, (2001) , "Home-based Telework, Gender, and the Synchronization of Work and Family: Perspectives of Teleworkers and their Co-residents", Gende, Work and Organization Vol8. No.2 April 2001.

U.S. Commission on the Future of Worker-Management Relations (1994) "Commission on the Future of Worker-Management Relations The Dunlop Commission on the Future of WorkerManagement Relations - Final Report" .

Webb, Teresa J. ;Bisping, Timothy O.; Hanke,Steven A. (2008) An Empirical Assist In Resolving, The Classification Dilemma Of Workers As Either Employees Or Independent Contractors, The Journal of Applied Business Research – Second Quarter 2008 Volume 24, Number 2.

Wegg, Teresa J., Englebrecht Ted D., Bisping, Timothy O., Hanke, Steven A., (2008) " An Empirical Assisst In Resolving The Classification Dilemma Of Workers As Either Employees Or Independent Contractors, The Journal or Applied Business Research-Second Quarter 2008, Volume 24, Number2.

JILPT　資料シリーズ　No.219
諸外国における家内労働制度
　―ドイツ、フランス、イギリス、アメリカ―
　　　　　　　　　　　　定価（本体 1,000 円＋税）

発行年月日　２０１９年１０月３１日
編集・発行　　独立行政法人　労働政策研究・研修機構
　　　　　　　〒 177-8502　東京都練馬区上石神井 4-8-23
　（照会先）　調査部海外情報担当　　TEL：03-5903-6274
　（販売）　研究調整部成果普及課　　TEL：03-5903-6263
　　　　　　　　　　　　　　　　　　FAX：03-5903-6115
印刷・製本　　株式会社相模プリント

© 2019　JILPT　ISBN978-4-538-87219-3　Printed in Japan
＊　資料シリーズ全文はホームページで提供しております。（URL：https://www.jil.go.jp/）